Andreas Vogl

Interaktive Internetapplikationen mit Zugriff au

Client / Server-Datenbankzugriff mit Java und JD
am Beispiel einer Directory

Bibliografische Information der Deutschen Nationalbibliothek:

Bibliografische Information der Deutschen Nationalbibliothek: Die Deutsche Bibliothek verzeichnet diese Publikation in der Deutschen Nationalbibliografie; detaillierte bibliografische Daten sind im Internet über http://dnb.d-nb.de/ abrufbar.

Copyright © 1997 Diplomica Verlag GmbH
Druck und Bindung: Books on Demand GmbH, Norderstedt Germany
ISBN: 9783838604473

http://www.diplom.de/e-book/216414/interaktive-internetapplikationen-mit-zugriff-auf-relaticnale-datenbanken

Andreas Vogl

Interaktive Internetapplikationen mit Zugriff auf relationale Datenbanken

Client / Server-Datenbankzugriff mit Java und JDBC auf eine Sybase-Datenbank am Beispiel einer Directory

Diplom.de

Andreas Vogl

Interaktive Internetapplikationen mit Zugriff auf relationale Datenbanken

Client / Server-Datenbankzugriff mit Java und JDBC auf eine Sybase-Datenbank am Beispiel einer Directory

Diplomarbeit
an der Fachhochschule Regensburg
Januar 1997 Abgabe

Diplomarbeiten **Agentur**
Dipl. Kfm. Dipl. Hdl. Björn Bedey
Dipl. Wi.-Ing. Martin Haschke
und Guido Meyer GbR

Hermannstal 119 k
22119 Hamburg

agentur@diplom.de
www.diplom.de

ID 447

Vogl, Andreas: Interaktive Internetapplikationen mit Zugriff auf relationale Datenbanken: Client / Server-Datenbankzugriff mit Java und JDBC auf eine Sybase-Datenbank am Beispiel einer Directory / Andreas Vogl · Hamburg: Diplomarbeiten Agentur, 1997
Zugl.: Regensburg, Fachhochschule, Diplom, 1997

Dipl. Kfm. Dipl. Hdl. Björn Bedey, Dipl. Wi.-Ing. Martin Haschke & Guido Meyer GbR
Diplomarbeiten Agentur, http://www.diplom.de, Hamburg
Printed in Germany

Diplomarbeiten Agentur

Wissensquellen gewinnbringend nutzen

Qualität, Praxisrelevanz und Aktualität zeichnen unsere Studien aus. Wir bieten Ihnen im Auftrag unserer Autorinnen und Autoren Wirtschaftsstudien und wissenschaftliche Abschlussarbeiten – Dissertationen, Diplomarbeiten, Magisterarbeiten, Staatsexamensarbeiten und Studienarbeiten zum Kauf. Sie wurden an deutschen Universitäten, Fachhochschulen, Akademien oder vergleichbaren Institutionen der Europäischen Union geschrieben. Der Notendurchschnitt liegt bei 1,5.

Wettbewerbsvorteile verschaffen – Vergleichen Sie den Preis unserer Studien mit den Honoraren externer Berater. Um dieses Wissen selbst zusammenzutragen, müssten Sie viel Zeit und Geld aufbringen.

http://www.diplom.de bietet Ihnen unser vollständiges Lieferprogramm mit mehreren tausend Studien im Internet. Neben dem Online-Katalog und der Online-Suchmaschine für Ihre Recherche steht Ihnen auch eine Online-Bestellfunktion zur Verfügung. Inhaltliche Zusammenfassungen und Inhaltsverzeichnisse zu jeder Studie sind im Internet einsehbar.

Individueller Service – Gerne senden wir Ihnen auch unseren Papierkatalog zu. Bitte fordern Sie Ihr individuelles Exemplar bei uns an. Für Fragen, Anregungen und individuelle Anfragen stehen wir Ihnen gerne zur Verfügung. Wir freuen uns auf eine gute Zusammenarbeit

Ihr Team der *Diplomarbeiten* Agentur

Dipl. Kfm. Dipl. Hdl. Björn Bedey –
Dipl. Wi.-Ing. Martin Haschke ——
und Guido Meyer GbR ————

Hermannstal 119 k ————
22119 Hamburg ————

Fon: 040 / 655 99 20 ————
Fax: 040 / 655 99 222 ————

agentur@diplom.de ————
www.diplom.de ————

Inhaltsverzeichnis

Kapitel 1

Kapitel 2

Kapitel 3

Kapitel 4

Abbildungsverzeichnis

Tabellenverzeichnis

Anhang

Aufgabenstellung

Das Internet, das zu einem festen Bestandteil unseres Informationszeitalters geworden ist, befindet sich auf der Schwelle von der Online-Bibliothek zum Anwendungsmedium. Der Anspruch Programme und Daten über das Internet in unbegrenztem Umfang zugänglich zu machen, führt von der momentanen Verwendung des Internets als statische Informationsquelle weg. Die Entwicklung von Internetanwendungen, die eine Kommunikation und Interaktion mit dem Anwender ermöglichen, wird derzeit mit Hochdruck vorangetrieben. Ein beachtliches Interesse liegt hierbei in dem Anspruch, Daten im Internet zu präsentieren und zu manipulieren. Als Vorreiter solcher im Internet bereits realisierter Projekte gelten Einkaufs- und Bestellanbieter. Produkte werden online präsentiert, vom Anwender ausgewählt und schließlich bestellt. Große Konzerne präsentieren sich im Internet und stellen Zahlen ihres Unternehmens dar. Es wäre nicht sehr sinnvoll, für die sich jeweils ändernden Daten, jedesmal neue Graphiken oder Diagramme zu erstellen. Vielmehr wird ein Programm über das Netz auf den Client transferiert, das die Daten interpretiert und darstellt.

Der Schwerpunkt dieser Diplomarbeit liegt in der Entwicklung und Realisierung einer Anwendung, die über das Intranet auf die Datensätze einer Sybase-System-10-Datenbank zugreift, diese darstellt und Änderungen durch den Anwender ermöglicht.

Folgende Ansprüche wurden dabei an die Entwicklung gestellt:

- Die Anwendung kann mit einem Standardbrowser ausgeführt werden.
  Da jeder Mitarbeiter des Zentralbereiches Technik (ZT) über einen PC-
  Arbeitsplatz und damit über einen Internetzugang verfügt, ist auf jedem
  Rechner ein Internetbrowser installiert.

- Der Anwender kann nach Datensätzen suchen.
  Um die Funktionalität eines Adressregisters oder Telefonbuches zu
  gewährleisten, muß der Anwender nach bestimmten Personen oder
  Personengruppen suchen können.

- Die Anwendung soll keine weitere Installation auf dem Client nötig
  machen.
  Die Installation eines Programmes stellt für mache Mitarbeiter ein
  Problem dar. Aus diesem Grund soll keine Installation auf dem Client
  nötig sein.

- Kurze Lade- und Startzeiten sollen die Akzeptanz erhöhen.
  Das Suchen nach einer Information muß in der Regel schnell gehen.

- Der Anwender kann bestimmte Feldeinträge ändern und ergänzen

Das Kapitel 1 gibt einen Überblick über die Entstehung und die
Architektur des Internets, der Programmiersprache Java™ und der
Datenbankschnittstelle JDBC. Im 2. Kapitel werden die Möglichkeiten des
Datenbankzugriffs über das Internet besprochen. Die Realisierung der
Anwendung und die damit verbundenen Entscheidungen beschreibt das
Kapitel 3. Einen Ausblick auf die Entwicklung der Datennutzung im
Internet gibt das Kapitel 4.

Kapitel 1

1 Überblick

1.1 Das World Wide Web (WWW)

Die Begriffe "World Wide Web" oder "Internet" sind ein Teil unseres
täglichen Sprachgebrauchs geworden. Sie zu beschreiben, heißt eine
technische Entwicklung zu erläutern, welche die Art der
Informationsdarstellung und Informationsbeschaffung revolutioniert hat.

1.1.1 Die Entstehung des WWW

Ursprünglich war das World Wide Web für den Informationsaustausch der
Forschergemeinschaft auf dem Gebiet der Hochenergiephysik in Genf
gedacht. Heute bietet das Web die Möglichkeit hypermediale
Informationen lokal oder weltweit zur Verfügung zu stellen. Die
Informationen innerhalb des Webs sind assoziativ organisiert und müssen
vom Benutzer abgefragt werden. Vannevar Bush beschrieb als Erster im
"The Atlantic Monthly" vom Juli 1945 in seinem Artikel "As we May Think"
die Möglichkeiten ein System zur engeren Verknüpfung von Informationen
zu konzipieren [BUSH45]. Er nannte sein System Memex (Memory
Extension) und beschrieb es als ein Werkzeug, das dem Menschen helfen
sollte, Informationen zu bearbeiten. Sein System beruhte auf dem
assoziativen ("durch Vorstellungsverknüpfung bewirkt") Denkverhalten
des Menschen. 1965 setzte Ted Nelson diese Theorie um und prägte den
Begriff Hypertext, der eine nicht nur lineare Ausrichtung von Text

beschreibt. Dokumente können Verknüpfungen und Verweise enthalten und bilden somit ein Netz aus Informationen. Der Begriff Hypermedia beschreibt die Erweiterung von Hypertext um die Elemente Sprache, Graphik und bewegte Bilder.

Diese Theorien wurden im März 1989 von Tim Berners-Lee, einem Forscher am Forschungszentrum für Teilchenphysik (CERN) in Genf, wieder aufgenommen und er machte den Vorschlag, mit Hilfe des Hypertextes den Forschern ein effizientes Informationsmedium bereitzustellen. Ende 1990 lief der erste Prototyp des World Wide Web auf einem NeXT. Anfangs nur von Studenten genutzt, hat sich das World Wide Web oder Internet zu einem nicht mehr wegzudenkenden Medium in unserem Informationszeitalter entwickelt. Die Entwicklung von graphischen Schnittstellen zum Web (Mosaic) und die damit verbundene Erleichterung der Nutzung ebnete den Weg für die starke Verbreitung.

Die rasante technische Entwicklung und die Notwendigkeit der Festlegung von Standards schuf die Basis für die Gründung des World Wide Web Consortium (W3C). Das W3C ist ein Konsortium aus Universitäten und Privatunternehmen unter der Führung des Laboratory for Computer Science (LCS), [DECE95].

1.1.2 Hypertext Transfer Protocol HTTP

Das verbindungslose Basisprotokoll zwischen einem Client und einem Server im Internet ist das HTTP-Protokoll. Der Aufbau, Ablauf und Abbau

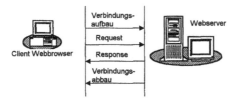

Abbildung 1 - HTTP-Protokollablauf

einer Verbindung ist wie folgt gekennzeichnet.

Der Client baut eine TCP-Verbindung zum Server auf, setzt eine Anfrage
(Request) ab und wartet anschließend auf die Antwort (Response) des
Servers. Der Server kennzeichnet das Ende seiner Übertragung durch das
Beenden der Verbindung.

Falls benötigt, kann der Client sofort nach dem Verbindungsabbau des
Servers eine neue Verbindung aufbauen. Dies ist z.B. der Fall, wenn eine
Seite Graphiken enthält, wobei hier für jede Graphik eine eigene
Verbindung aufgebaut wird.

Steuer- und Dateninformationen werden beim HTTP-Protokoll in einem
Kanal übertragen. Außer HTML-Dokumenten können auch andere
Resourcen versendet werden. Der Type der Resource - der sogenannte
MIME-Type - wird im HTTP-Header in der Zeile, die mit Content-Type
beginnt, festgelegt. MIME steht für Multipurpose Internet Mail Extension.
Es ermöglicht das Versenden von verschiedenen Dateiformaten (Text,
Bilder, Video, Audio) im Internet.

Die HTTP/1.0 Request Syntax:

```
request-line
headers (0 oder mehr)
<Leerzeile>
body (nur für den POST-Request)
```

Die request-line hat folgendes Format:

```
request request-URI HTTP-Version
```

(URI = Uniform Resource Identifiers)

Es gibt drei Arten von Request-Meldungen:

- GET liefert die Information, die durch die Request-URI identifiziert
  wurde.

- HEAD liefert die gleichen Informationen wie GET, aber ohne den body.
  Häufig wird diese Requestart zur Überprüfung der Hypertext-Links
  verwendet.

- POST wird verwendet, um E-MAILS, NEWS und interaktive Formulare
  zu versenden.

Die HTTP/1.0 Response Syntax:

```
status-line
headers (0 oder mehr)
<Leerzeile>
body
```

Die status-line hat folgendes Format:

```
HTTP-version response code response-phrase
```

Der header beinhaltet die Steuerinformationen des HTTP-Protokolls. Die Tabelle stellt einen Auszug der möglichen Header-Namen dar.

Header name	Request?	Response?	Body?
Allow			✓
Authorization	✓		
Content-Encoding			✓
Content-Length			✓
Content-Type			✓
Date	✓	✓	
Expires			✓
Location		✓	
MIME-Version	✓	✓	
Server		✓	

Tabelle 1 - Header-Namen im HTTP-Protokoll [STEV96]

Der Datentyp des bodys wird durch den Content-Type bestimmt. Typische Content-Types sind:

```
Content-Type: text/html
Content-Type: text/plain
Content-Type: application/postscript
```

1.1.3 Uniform Resource Locator URL

Um eine Datei von einem Server empfangen zu können, müssen dem Client drei Informationen zur Verfügung stehen:

- Die Adresse des Servers,

- wo auf dem Server die Datei gespeichert ist und

- welches Protokoll verwendet werden muß, um Zugriff auf die Datei zu haben und sie zu laden.

Die Syntax des URL baut sich aus diesen Information auf:

```
Protokoll://Server:port/Pfad_zur_Datei
```

Protokoll:	Eine Übersicht über die im Internet am häufigsten verwendeten Protokolle gibt die Tabelle 3.
Server:	Jeder WWW-Server ist durch eine eindeutige Internetadresse identifiziert.
port:	Optionale Angabe des TCP/IP-Ports, den der WWW-Server benutzt (standardmäßig 80).
Pfad_zur_Datei:	Üblicherweise werden die Informationen auf einem Web-Server in einem Filesystem verwaltet. Dieser Teil gibt den genauen Pfad der Datei, ausgehend vom Basisverzeichnis des Web-Servers, an.

Tabelle 2 - URL-Syntax

FTP	File Transfer Protocol	`ftp://username:password@hostname:port/path_to_resource`
Gopher	Gopher Protocol	`gopher://hostname:port/path_to_resource`
HTTP	Hypertext Transfer Protocol	`http://hostname:port/path_to_resource`
news	Usernet news	`news:newsgroup-name` `news:message-number`
telnet	Remote login sessions	`telnet:/username:password@hostname:port`
file	Dateien auf dem lokalen Rechner	`file://hostname/path_to_resource`

Tabelle 3 - Internetprotokolle [UNLE96]

1.1.4 HyperText Markup Language HTML

HTML ist eine speziell für das WWW entwickelte Strukturbeschreibungssprache, die auf der Dokumentenbeschreibungssprache SGML (Standard Generalized Markup Language) basiert.

In HTML wird ausschließlich die logische Struktur eines Dokuments beschrieben. Es können Überschriften, Absätze, Listen und Verweise auf andere Dokumente und Medien festgelegt werden - nicht aber z.B. Schriftart oder -größe. Die Darstellung des Dokuments hängt vom

---

verwendeten WWW-Browser ab. HTML bietet den Vorteil, daß Dokumente mit jedem beliebigen Texteditor als reine ASCII-Texte erstellt werden können und damit plattformunabhängig sind.

HTML-Dokumente enthalten sog. TAGs, die dem WWW-Client die logische Struktur des Dokuments mitteilen. Es werden hierbei drei verschiedene TAGs verwendet:

- TAGs, die paarweise verwendet werden (öffnender und schließender TAG)
  <tag_name> text </tag_name>

- TAGs, die zusätzliche Attribute enthalten
  <tag_name attribut_name=argument> text </tag_name>

- TAGs, die einzeln verwendet werden
  <tag_name>

Neben dem Vorteil der plattformunabhängigen Dokumentenbeschreibung bietet HTML auch einen einfachen Mechanismus, Hyperlinks zwischen den einzelnen Dokumenten zu definieren. Hyperlinks können von jeder beliebigen Stelle eines Dokumentes auf eine bestimmte Stelle im gleichen Dokument oder auf ein anderes Dokument oder auf eine bestimmte Stelle in einem anderen Dokument verweisen. Erreicht wird dies durch die TAGs:

<A NAME=" ziel-name ,>...</A>	Definiert eine Stelle im Dokument, an die gesprungen werden soll.
<A HREF="#ziel-name ,>...</A>	Definiert einen Link zu einer bestimmten Stelle im gleichen Dokument.
<A HREF=URL >...</A>	Definiert einen Link zu dem Dokument mit der Adresse 'URL'.

Tabelle 4 - HTML-TAGs für Hyperlinks

1.2 Java™

1.2.1 Was ist Java™?

SUN Microsystems definiert Java™ im "The Java™ Language: A White Paper" als "einfache, objektorientierte, verteilte, interpretierte, robuste, sichere, systemneutrale, portable, schnelle, multithreadingfähige und dynamische Sprache" [KRAM96].

James Gosling, der geistige Vater von Java™ , entwickelte eine plattformunabhängige Sprache für den Einsatz im interaktiven Fernsehen. Das Ergebnis war Oak (Object Application Kernel), das von Anfang an auf Portabilität ausgelegt war. Es lieferte das Konzept für ein netzwerktaugliches Betriebssystem und einer flexiblen Programmiersprache [BACK2/96]. Aus Marketing- und Lizenzgründen wurde der Name in Java™ geändert.

Der große Durchbruch von Java™ begann mit der Zusage von Netscape und Mosaic in ihre Browser die Java™ -VirtualMachine zu integrieren. Netscape hat dies in der Version 2.0 verwirklicht.

Die Geschichte von Java™ ist in "The Java™ Saga" von David Bank nachzulesen [BANK96].

Der Aufbau von Java™ ähnelt auf den ersten Blick den Programmiersprachen C und C++. Allerdings wurden die bekannten Nachteile dieser Programmiersprachen vermieden.

Folgende C/C++ Bestandteile fehlen in Java™
Zeiger
Typedefiniton
Preprozessor-Direktiven
Überladen von Operatoren
Aufzählungstypen
Strukturen und Varianten
Templates
vorzeichenlose numerische Datentypen

Java™ bietet dem Entwickler drei Programmiertechniken:

- Ähnlich der symbolischen Programmiersprache SmallTalk ist Java™ objektorientiert,

- kann zur Laufzeit binden und

- verfügt über eine Klassenhierarchie mit Einzelvererbungen.

Die Datentypen in Java™ entsprechen dem IEEE-Standard und sind im Gegensatz zu C/C++ plattformunabhängig.

1.2.2 Applets und Applications

Die Java™-Plattform ermöglicht die Erstellung von zwei verschiedenen Programmarten:

- Applets sind Programme, die nur innerhalb eines Browsers lauffähig sind. Der <APPLET>-TAG in einer Webseite veranlaßt das Laden der Anwendung über das Internet oder einem Intranet. Um kurze Ladezeiten zu gewährleisten, sollten Appletprogramme klein und modular aufgebaut sein.

- Applications sind Programme, die keinen Browser für die Ausführung brauchen und damit keine Lademechanismen enthalten. Zur Ausführung ist aber eine Java™-VirtualMachine nötig, die entweder als separates Programm oder als Teil des Betriebssystems auf dem Rechner vorhanden sein muß.

Tabelle 5 - C/C++-Bestandteile, die in Java™ fehlen [WOLL4/96]

Als größten Unterschied der beiden Programmarten ist wohl die Tatsache zu werten, daß ein Applet ein Netzwerk zur Ausführung benötigt. Applications hingegen werden nicht durch den SecurityManager eines Browser in der Programmausführung beschnitten und bieten daher mehr Möglichkeiten [KRAM96].

1.2.3 Die Java™-Security

Der Interpreter überprüft vor der Ausführung den Bytecode auf darin enthaltene unerlaubte Zugriffe auf Resourcen des Zielrechners. Einer Application werden sämtliche Resourcen zugeordnet, wohingegen ein Applet das über das Netz geladen wird, mit Vorsicht behandelt wird. Hier gilt der Grundsatz "Traue keinem". Die Java™-VirtualMachine (VM) des Browsers sperrt das Programm quasi ein und gestattet keinen Zugriff auf Resourcen des Rechners. Ein Beispiel hierfür ist das Verbot des Zugriffs auf die Festplatte des Rechners durch ein Applet. Darüberhinaus wird das Programm während der Ausführung auf korrektes Benutzen von Methoden und Instanzen, mißbräuchliches Benutzen von Objektreferenzen, Stacküberläufe und die Verwendung von Zugriffsrechten überprüft.

Operation	Netscape übers Netz	lokal	Appletviewer übers Netz	lokal	per Interpreter
Lesen einer Datei in /mein/ordner (acl.read=/mein/ordner)			✓	✓	✓
Lesen einer Datei in /mein/ordner (acl.read=null)		✓		✓	✓
Schreiben einer Datei in /tmp (acl.write=/tmp)			✓	✓	✓
Schreiben einer Datei in /tmp (acl.write=null)				✓	✓
Lesen der Datei-Info (acl.read=/home/me acl.write=/tmp)			✓	✓	✓
Lesen der Datei-Info (acl.read=null acl.write=null)				✓	✓
Löschen einer Datei mit exec /usr/bin/rm				✓	✓
Löschen einer Datei mit File.delete()					✓
Lesen des Feldes user.name		✓		✓	✓
Netzverbindung zum WWW-Server der geladenen Seite	✓	✓	✓	✓	✓
Netzverbindung zu einem Port am eigenen Rechner			✓	✓	✓
Netzverbindung zu einem Port eines 3. Rechners				✓	✓
Laden einer Bibliothek			✓	✓	✓
Programmbeendigung mit exit(-1)				✓	✓
Öffnen eines Popup-Fensters ohne Warnung			✓	✓	✓

Tabelle 6 - Grenzen für Applets [JSOF6/96]

1.2.4 Eigenschaften von Java™

Die Java™-Plattform bildet die Basis für die Entwicklung und Nutzung von Java™. Sie besteht aus zwei Teilen:

- der Java™ VirtualMachine (VM)

  Den Kern dieser Plattform bildet die sogenannte VirtualMachine. Die VM kann sowohl als Software als auch als Hardware implementiert sein. Sie ist ein abstraktes Programm, daß auf bestehenden Prozessoren aufsetzt. Das Anschlußinterface und die Adapter erlauben es, die VM in ein neues Betriebssystems zu integrieren, ohne es vollständig neu schreiben zu müssen. Die genaue Spezifikation der VM ermöglicht es, auf den verschiedensten Plattformen Java™-Programme auszuführen.

- dem Java™-Application-Programming-Interface (Java™ API).

  Die Java™ API stellt den Hauptrahmen der Programmentwicklung dar.

Der Entwickler schreibt Java™-Quellcode (*.java Dateien) und kompiliert diesen mit dem Java™-Compiler in einen neutralen und damit plattformunabhängigen Bytecode (*.class Dateien). Dieser Bytecode repräsentiert Anweisungen, die von der VM ausgeführt werden. Im Bytecode oder auch p-Code (Postfix-Code) werden zunächst die Operanden und anschließend die Operationen abgespeichert (aus a+b*c wird a b c * +) [JOBS96]. Anders als in C++-Objektdateien speichert Java™ externe Referenzen nicht als Offset zu den Startsymbolen der referenzierten Objekte, sondern als Symbol im Class-File. Java™ ermöglicht so ein 'late-binding', was einer Auflösung der Verbindung erst zur Laufzeit entspricht [BACK2/96].

Soll die Anwendung dem Internet verfügbar gemacht werden, ist ein HTTP-Server nötig. Der Entwickler erstellt eine Webseite, die den TAG <APPLET CODE=filename> enthält. Ruft ein Anwender des Internets diese Seite auf, veranlaßt das APPLET-TAG den Browser des Anwenders den Bytecode über das Netz auf den Zielrechner zu übertragen. Hier wird der Bytecode

in den Speicher geladen, vom SecurityManager überprüft und in die VM
geladen.

Die VM interpretiert den Bytecode mit seinem Interpreter oder übersetzt
ihn durch einen Just-in-time-Compiler (JIT Compiler) in
Maschinenbefehle. Die VM arbeitet mit den Eigenschaften des

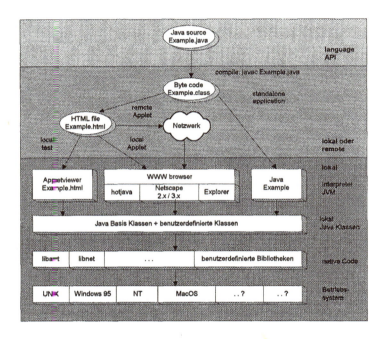

Abbildung 2 - Java™-Basis-Architektur
[KRAU11/96]

Zielsystems. Alle Klassen der Java™ Class Libraries werden bei Bedarf
dynamisch nachgeladen.

1.3 JDBC - Java™ Database Connectivity Standard

Der Java™ Database Connectivity Standard JDBC ist ein Teil der Java™
Entwicklungs API. Genau wie ODBC basiert JDBC auf dem X/Open SQL
Call Level Interface (CLI) [LINT96-2]. Für JDBC wurde der ANSI-SQL-2
Standard gewählt, der eine definierte Schnittstelle für den Zugriff auf

relationale Datenbanken darstellt. JDBC wurde von SUN als Sammlung von Basisklassen, die einen Rahmen für herstellerspezifische Implementierungen darstellt, definiert.

Zu diesen Basisklassen gehören:

java.sql.DriverManager	lädt den Treiber und erstellt die Verbindung zur Datenbank
java.sql.Driver	repräsentiert den Treiber
java.sql.Connection	repräsentiert die Verbindung zur Datenbank
java.sql.Statement	führt die Befehle (Statements) aus
java.sql.ResultSet	enthält das Ergebnis des Statements

Die Klasse java.sql.Statement besitzt zwei Unterklassen:

java.sql.PrepareStatement	dient zur Ausführung einer vorkompilierten SQL-Anweisung
java.sql.CallableStatement	führt StoredProcedures der verschiedenen Datenbanken aus

Tabelle 7 - JDBC-Basisklassen [PAMO96]

Die Klasse *java.sql.DriverManager* ist im Gegensatz zu den anderen als Interface realisierten Klassen vollständig programmiert.

Zum besseren Verständnis der JDBC-API werden im Anhang die DriverManager-Klasse sowie die Interface-Klassen dargestellt und die wichtigsten Funktionen kurz beschrieben.

1.3.1 JDBC-Architektur

JDBC ist als sogenannte 'two-tier Client/Server' Architektur für den Datenbankzugriff von Applets realisiert. Über das Internet oder ein Intranet wird mit einem Java™-tauglichen Browser eine HTML-Seite geladen, die ein Java™-Applet enthält. Das Applet wird von der VirtualMachine des Browsers ausgeführt und baut eine Verbindung zurück zu dem Datenbankserver auf. Abhängig von den Sicherheitsbestimmungen des jeweiligen Netzwerkes kann sich der Datenbankserver an einer beliebigen Stelle im Internet befinden.

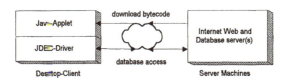

Abbildung 3 - JDBC-Architektur [HACA96]

1.3.2 Funktionsweise von JDBC

JDBC ist ein Low-Level-API. Es ist eine Weiterentwicklung der ODBC-Architektur und besteht aus zwei Schichten: **der JDBC API**, welche die Kommunikation zwischen der Applikation und dem JDBC-Manager sicherstellt und **der JDBC Driver API**, welche die Kommunikation

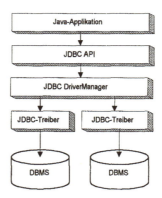

Abbildung 4 - JDBC-Architektur [INTE96]

zwischen dem JDBC-Manager und dem Treiber gewährleistet.

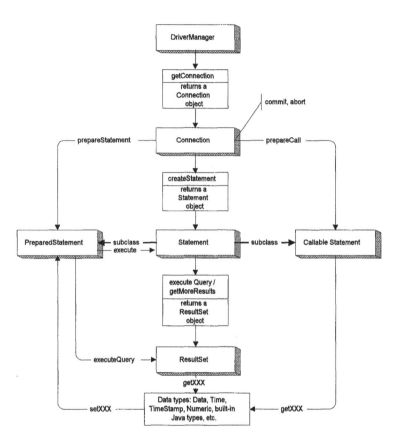

Abbildung 5 - JDBC-Flußdiagramm [HACA96]

Das Funktionsprinzip der JDBC-Schnittstelle verdeutlicht nachfolgendes
Ablaufdiagramm:

Diese Architektur erlaubt es den Datenbankherstellern oder
Drittanbietern den java.sql.Driver oder die ODBC-Schnittstelle für den
Zugriff auf Datenbanken zu nutzen.

Jeder Hersteller eines JDBC-Treibers muß zumindest die abstrakten
Klassen der JDBC-API implementieren. Damit der java.sql.DriverManager

die Datenbank mittels einer URL-Syntax lokalisieren kann, muß eine
Klasse bereitgestellt werden, die das Interface java.sql.Driver realisiert hat.

1.3.3 JDBC URL-Syntax

Die Ausrichtung von Java™ auf die Internet- und Intranetfähigkeit bedingt
eine Lokalisierung von lokalen und nicht lokalen Datenquellen. Um eine
durchgängige Syntax bei der Beschreibung von Quellen zu erreichen,
wurde für die Adressierung der Datenquellen die URL-Syntax gewählt
(siehe Kapitel 1.3.1). SUN legte die Syntax folgendermaßen fest:

```
jdbc:<subprotocol>:<subname>
```

Das subprotocol legt das Verfahren fest, auf dessen Grundlage die
Datenbankanbindung durchgeführt werden soll [PAMO96]. Es können
mehrere Treiber auf dem selben Verfahren - beispielsweise ODBC-
basieren. Inhalt und Aufbau von subname werden vom gewählten
subprotocol bestimmt. Wird als subname eine Netzwerkadresse verwendet,
muß die URL-Syntax '//hostname:port/subsubname' beachtet werden. Als
Beispiel für die JDBC-URL-Syntax sind zwei Beispiele angeführt.

```
jdbc:odbc:foo
jdbc:odbc:Auftrag  //Für die Anwendung SCN-Directory relevant
```

Viele Hersteller von Datenbanksystemen arbeiten an der Implementierung
der JDBC-Schnittstelle für ihre Produkte [WATZ96].

Um bereits heute die Möglichkeit des Zugriffs auf die gängigen
Datenbanksysteme bieten zu können, veröffentlichte SUN die von Intersolv
entwickelte JDBC/ODBC-Bridge.

1.4 JDBC/ODBC-Bridge

Entwickelt von der Firma Intersolv, bietet diese Bridge die Möglichkeit auf
das in der Industrie etablierte ODBC (Open Database Connectivity) von
Microsoft zuzugreifen. Die Komponenten der Bridge sind neben dem
Java™ Development-Kit:

- Die JDBC Interface Bibliothek (jdbc.sql.*)

- Die JDBC-ODBC-Bridge Interface Bibliothek (jdbc.odbc.*)

- Ein ODBC DriverManager (z.B.: ODBC für Microsoft Win95/NT)
  Nicht zu verwechseln mit dem JDBC DriverManager.

- Ein beliebiger ODBC-Treiber, der von der Bridge genutzt wird [PAMO96]

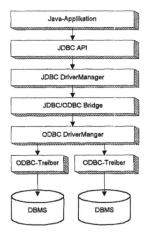

Abbildung 6 - JDBC/ODBC-Bridge Architektur [INTE96]

Die Bibliothek akzeptiert ODBC-Aufrufe von Java™, führt die Anfrage aus und liefert das Ergebnis an den Treiber zurück. Die komplette Funktionalität, einschließlich des Speichermanagements ist in Java™ realisiert. Dieses Funktionsprinzip zeigt aber den großen Nachteil dieser Lösung. Es ist nicht möglich 'on the fly' ein Applet aus dem Netz zu laden und eine Verbindung zu der Datenquelle aufzubauen.

Das momentan größte Problem ergibt sich aus der Architektur der JDBC/ODBC-Bridge und dem Sicherheitsmanagement der Browser. Die SecurityManager der derzeit verwendeten Browser gestatten keinen Zugriff auf das Dateisystem lokaler Festplatten. Damit ist der Zugriff auf die DLL, die von der JDBC/ODBC-Bridge verwendet wird, nicht gestattet. Die JDBC/ODBC-Bridge kann somit in einem Applet nicht verwendet werden.

1.4.1 ODBC - Open Database Connectivity

Zum Verständnis der Funktionsweise der JDBC/ODBC-Bridge wird im nachfolgenden Abschnitt die Architektur und das Funktionsprinzip von ODBC erklärt. ODBC wurde von der Firma Microsoft entwickelt und ist eine Sammlung von C-Routinen.

Um die Bridge nutzen zu können, muß auf dem Client ODBC installiert und die Datenquelle spezifiziert sein.

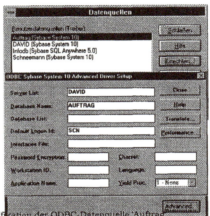

Abbildung 7 - Spezifikation der ODBC-Datenquelle 'Auftrag'

ODBC basiert auf einer 'C'-API und definiert eine Anzahl von Funktionsaufrufen. Ähnlich dem Prinzip von JDBC werden sog. Handles an die interne Datenstruktur übergeben. Dies ermöglicht es den Applikationen die ODBC-Datenstruktur zu manipulieren und die ODBC-Funktionsaufrufe korrekt zu verwenden.

Die Funktionsweise beim Aufbau eines ODBC-Aufrufs verdeutlicht folgende Skizze:

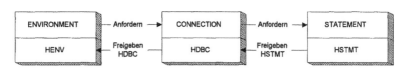

Abbildung 8 - Aufbau des ODBC-Aufrufs [IDED96]

Die ODBC-Struktur beinhaltet die konzeptuellen Strukturen Environment, Connection und Statement. Um einen Connection-Handle (HDBC) anfordern zu können, muß zuerst ein einzelner Environment-Handle (HENV) angefordert worden sein. Dieser wird anschließend an die für die Anforderung des Connection-Handle (HDBC) zuständige Funktion übergeben. Dementsprechend muß zuerst ein HDBC angefordert, und der zuständigen Funktion für den Statement-Handle (HSTMT) übergeben werden. Umgekehrt müssen erst alle HSTMT freigegeben werden, bevor der HDBC freigegeben werden kann. Entsprechend muß vor der Freigabe von HENV erst der HDBC freigegeben worden sein.

1.5 Vergleich JDBC und ODBC

Der Vorteil von JDBC ist die Plattformunabhängigkeit und die Tatsache, daß der datenbankspezifische Treiber auf dem Client-Rechner nicht installiert sein muß. Für ODBC spricht der hohe Verbreitungsgrad und die Vielzahl von implementierten ODBC-Schnittstellen. Eine detailliertere Gegenüberstellung von JDBC und ODBC gibt folgende Tabelle:

	JDBC	ODBC
Veröffentlichtes Interface	Java™ Packages	C Funktionsprototypen
Interne Architektur	Java™ Objects	C-Strukturen/ C++ Klassen
Objektmanipulation	Java™ Objects	Handles
Plattformabhängigkeit	unabhängig	abhängig
Abhängigkeit der Plattformkommunikationsschicht	unabhängig	abhängig
Abhängigkeit der Datenbankschicht	unabhängig	abhängig
Client Code	Java™	C/C++

Tabelle 8 - Vergleich JDBC-ODBC [IDED96]

1.6 SQL Structured Query Language

SQL ist eine Datenbanksprache, die auf dem relationalen Datenmodell
basiert. Von IBM entwickelt, sollte SQL beweisen, daß eine relationale
Datenbank alle Anforderungen an ein Datenbanksystem erfüllen kann.
Von vielen Herstellern übernommen, wurde SQL 1986 vom ANSI
(American National Standards Institute) Gremium als Standard
verabschiedet [ANSI86].

Wie bereits beschrieben, basiert JDBC auf dem SQL-92 Standard. Für die
Diplomarbeit ist aber nicht der volle SQL-Sprachumfang nötig. Die
begrenzte Anzahl von Abfragen erlaubt die Definition eines eigenen SQL-
Sprachumfangs.

SELECT-Statement:

INSERT-Statement:

select-Liste:

Suchbedingung:

Definition der SQL-Syntax:

Buchstabe:	[a-zA-Z]
Ziffer:	[0-9]
Spaltenname:	Benutzerdefinierter-Name
Tabellenname:	Benutzerdefinierter-Name
Benutzerdefinierter-Name:	Buchstabe [Zahl | Buchstabe]
select-Liste:	* | Spaltenname [, Spaltenname] ...
Suchbedingung:	Spaltenname Vergleichsoperator Literal
Vergleichsoperator:	< | > | = | <>
insert-Wert:	Parameter | Literal
Parameter:	% | _
Literal:	' Benutzerdefinierter-Name | Ziffer * ' | [+ | -] Ziffer

Tabelle 9 - SQL-Zeichensatz

Die Verwendung deutscher Umlaute ist in der derzeitigen Version der
JDBC/ODBC-Schnittstelle nicht möglich (siehe Kapitel 3.9.5).

1.7 HORB

Das Sharewareprodukt HORB ist eine Entwicklung
von Dr. Hirano Satoshi. Es besteht aus dem HORB-
Compiler (HORBC), dem HORB-Server und der
HORB-Klassenbibliothek. Als Sprache für verteilte
Anwendungen, basiert es auf Java™ und bildet eine
Erweiterung. Als Netzwerksprache konzipiert,
ersetzt HORB die herkömmlichen

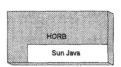

Abbildung 9 - HORB
[HORB96]

Netzwerkkommunikationsmöglichkeiten CGI (Common Gateway Interface)
und Sockets. Sockets bieten Programmen eine Lese/Schreibschnittstelle
zu den Netzwerkprotokollen wie z.B. TCP/IP. Dieses Verfahren ist
umständlich und hat die Bemühungen eine Netzwerksprache zu
entwickeln verstärkt.

1.7.1 HORB-Architektur

HORB hat die Sprachsyntax und die Sprachkonstrukte von Java™
implementiert und Programme, die mit
dem HORBC kompiliert wurden, sind in
verteilten Systemen lauffähig. Die
Funktionsweise von HORB wird anhand
der Skizze erklärt.

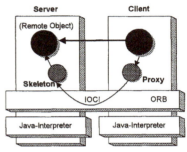

Es wird jeweils eine Server- und
Clientklasse geschrieben. Das
Clientobjekt kann sowohl in einem Java™
fähigen Browser als auch stand-alone
laufen. Beim Start des Programms
erzeugt der Client eine Instanz des
Servers auf dem Quellrechner und nutzt
anschließend die Funktionen des

Abbildung 10 - Funktionsprinzip von
HORB [HORB96]

Serverobjektes. Um nahtlose und transparente Methodenaufrufe zwischen
den beiden Objekten zu gewährleisten arbeiten im Hintergrund ein Proxy-
Objekt, ein Skeleton-Objekt und ein ORB (Object Request Broker).

ProxyObject	Dieses Objekt arbeitet als proxy für das Serverobjekt. Folglich arbeitet dieses Objekt, genau wie das Serverobjekt für das Clientobjekt.
SkeletonObject	Das Gegenstück zum ProxyObject.
Object Request Broker	ORB ist ein Verfahren für die Kommunikation zwischen Objekten.

Tabelle 10 - HORB-Objekte

Dieses Prinzip der entfernten Unterprogrammaufrufe wird im Anschluß an
das Kapitel 1.8.2 erläutert. Weitergehende Informationen finden Sie unter
der im Quellenverzeichnis angegebenen Internetadresse.

Mit dem Wandel des Anspruchs an das Internet wurden neue Techniken und Werkzeuge für die Weiterentwicklung dieser Technologie entwickelt.

1.8 Die Evolution der Client/Server-Technologie

Nahezu jedes Unternehmen investiert große Summen in die Planung und Realisierung firmeninterner Informationssysteme, sogenannter Intranets. Zu Beginn wurden diese nur zur Verbreitung von Arbeitsanweisungen, Firmendaten und neuesten Produktinformationen genutzt. Nun, da viele Hersteller von Programmiersprachen und Client/Server-Technologien das Potential der Intranets erkannt haben, wird die Entwicklung hin zu einem Informationsmedium das Text, Sprache, Graphiken, Videos und Anwendungen enthält, forciert.

Aber nicht jede Anwendung ist für das Intranet geeignet. Der dateiorientierte Charakter verursacht erhebliche Performance-Probleme bei Anwendungen, die große Datenmengen über das Netz senden. Durch den Einsatz von Proxy-Servern und High-End Multiprozess-Servern versucht die Industrie das Problem auf der Hardwareseite zu lösen. Die steigende Akzeptanz und die damit verbundene Nutzung dieser Informationsresourcen bedingten eine Weiterentwicklung bestehender Architekturen.

Um die Evolution der Client/Server-Technologie und die Integration im Intranet zu verstehen, ist es nötig die drei Grundsätze der Client/Server-Technologie zu beschreiben. Dieser Überblick soll nicht die komplette Client/Server-Technologie erklären, sondern dient nur zum Verständnis.

Die ersten Lösungen waren dateiorientiert und arbeiteten mit einem
gemeinsamen Datenbankzugriff.

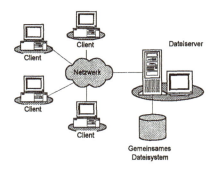

Abbildung 11 - Dateiorientiert, gemeinsamer
Datenbankzugriff [LINT96]

Die Datenbank wird auf einem gemeinsamen Dateiserver hinterlegt und
kann von jedem verbundenen Client genutzt werden, als wäre sie auf
seinem lokalen Rechner installiert.

Nachteil:

> Skalierungs- und Performance Probleme, da auch der einfachste
> Datenbankzugriff ein Transferieren der Datenbank vom Server zum
> Client und umgekehrt erfordert.

Um diese Probleme zu beseitigen, wurde das "2-Schichten-Modell", das als
traditionelles Client/Server-Modell bekannt ist, entwickelt. Hier dient ein
Datenbankserver als Schnittstelle zwischen Client und Datenbank.

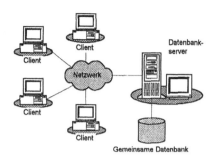

Vorteil:

> Die Performance wurde erhöht, da die Applikationslogik auf dem Client läuft und diese nur auf die Daten zugreift.

Nachteil:

> Bei der Entwicklung von firmenweiten Anwendungen stieß man bald auf die Grenzen dieser Technologie.

Diese Probleme versuchte man mit dem Einsatz von Applikationsservern zu lösen. So entstand das 3-Schichten (auch n-Schichten) Modell. Der größte Teil der Applikationslogik wurde hierbei von einen Applikationsserver übernommen.

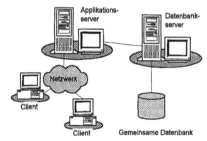

Abbildung 13 - 3-Schichten-Modell [LINT96]

Vorteil:

> Diese Architektur ist weitaus skalierbarer als das traditionelle 2-Schichten Modell.

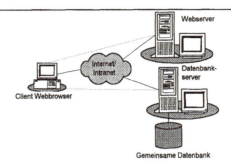

Die zentrale Applikationskontrolle wird unterstützt.

Das Internet ist der 4. Grundsatz der Client/Server-Architektur. Es nutzt
Teile der drei Grundsätze wie z. B. die dateiorientierte
Applikationsentwicklung, genauso wie Elemente der 2 und 3-Schichten
Architekturen.

Abbildung 14 - Internet als 4. Grundsatz [LINT96]

Nachteil:

Anwendungen im Intranet müssen auf Webservern ablauffähig sein.

Die rasante Entwicklung der Client/Server-Architektur hin zum Internet
veränderte den Anspruch an die Software, die den Zugriff auf
Datenbestände durchführt.

1.8.1 Client/Server im Netzwerk

Das Client/Server-Modell basiert im Gegensatz zu den verbindungsorientierten (hoher Aufwand) Protokollen (TCP/IP) auf einem einfachen, verbindungslosen Anfrage/Antwortprotokoll [TANE95]. Der Clientprozess sendet eine Anfrage für einen bestimmten Dienst an einen

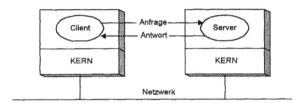

Server. Dieser erfüllt den Dienst, indem er die Daten oder eine Fehlermeldung zurückliefert.

Abbildung 15 - Client/Server-Modell [TANE95]

Aufgrund dieser einfachen Struktur können die Kommunikationsdienste, die der Kern anbietet, auf zwei Systemaufrufe reduziert werden.

- send und

- receive.

Der Send-Befehl blockiert den Aufrufer solange, bis die Nachricht verschickt wurde. Der Receive-Befehl blockiert den Anrufer bis eine Nachricht angekommen ist. Es war Ziel vieler Entwickler diese Schwachstelle beim Client/Server-Modell zu beseitigen. In einem Artikel von Birrel und Nelson wurde das Konzept des entfernten Unterprogrammaufrufs zur Lösung vorgeschlagen [TANE95].

1.8.2 RPC - Remote Procedure Call

Grundidee ist hierbei, daß ein Programm ein Unterprogramm aufrufen kann welches sich auf einem anderen Rechner befindet. Ruft ein Prozess auf einem Rechner ein Unterprogramm auf einem anderen Rechner auf, wird der aufrufende Prozess suspendiert, und die Ausführung des aufgerufenen Unterprogramms findet auf dem entfernten Rechner statt. Durch Parameter, die sich auf dem Stack befinden, können Werte übergeben werden. Für den Anwender einer Funktion soll der Aufruf eines entfernten Unterprogramms nicht vom Aufruf einer lokalen Prozedur unterscheidbar sein. Der RPC erreicht diese Transparenz durch die Verwendung von Stellvertretern sog. Stubs. Jeder Funktionsaufruf eines entfernten Unterprogramms erzeugt einen Client-Stub. Anders als beim lokalen Aufruf werden die Parameter nicht in Register kopiert und der Kern nicht damit beauftragt, die gewünschten Informationen zu lesen, sondern die Parameter werden in eine Nachricht verpackt und der Kern damit beauftragt, eine Nachricht an den Server zu senden. Nach dem Aufruf von send, ruft der Client-Stub receive auf und blockiert sich solange, bis eine Antwort eintrifft. Auf dem Server liegt ein Server-Stub vor, der die Parameter der empfangenen Nachricht auspackt und an das entsprechende Unterprogramm weiterleitet. Das Ergebnis verpackt der

Server-Stub ebenfalls wieder in einer Nachricht und sendet diese an den
Client zurück.

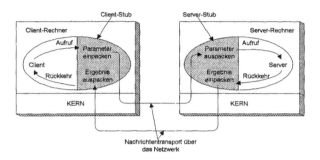

Abbildung 16 -Remote Procedure Call [TANE95]

Die Tabelle gibt eine Übersicht über die Schritte, die bei einem entfernten
Unterprogrammaufruf ausgeführt werden. Sie dient zum Verständnis
dieser Technik, die sowohl bei der Client/Server-Technologie als auch bei
HORB Anwendung findet.

Schritt	Beschreibung
1	Der Client ruft das Unterprogramm im Client-Stub in der gewohnten Weise auf.
2	Der Client-Stub erzeugt eine Nachricht und übergibt diese dem Kern.
3.	Der Kern sendet die Nachricht an den entfernten Kern.
4.	Der entfernte Kern übergibt die Nachricht an den Server-Stub.
5.	Der Server-Stub packt die Parameter aus und ruft das Unterprogramm im Server auf.
6.	Der Server führt das Unterprogramm aus und übergibt die Ergebnisse an den Server-Stub.
7.	Der Server-Stub verpackt die Ergebnisse in eine Nachricht und übergibt sie dem Kern.
8.	Der entfernte Kern sendet die Nachricht an den Kern des Clients.
9.	Der Client-Kern übergibt die Nachricht an den Client-Stub.
10.	Der Client-Stub packt die Ergebnisse aus und übergibt sie dem Client.

Tabelle 11 - RPC-Funktionsschritte [TANE95]

1.9 Entwicklungsstrategien für Internetanwendungen

Die in diesem Kapitel beschriebenen Techniken und Architekturen sind nur der Anfang einer Entwicklung, die das Internet als Daten- und Programmedium erschließt. Die steigende Zahl von Anwendern und das Bestreben zahlreicher Firmen Daten und Programme zu globalisieren lassen das Internet rasant wachsen. Erste Berichte über den Kollaps des Internets werden nicht in die Strategien der Firmen übernommen und haben keinen Einfluß auf diese Entwicklung. Eine Vielzahl von Firmen arbeiten an der Entwicklung neuer Techniken die das Potential, das im Internet und den damit verbundenen Medien steckt, nutzen. Einen Einblick in die Zukunft von Netzwerkarchitekturen zeigt die Abbildung 17.

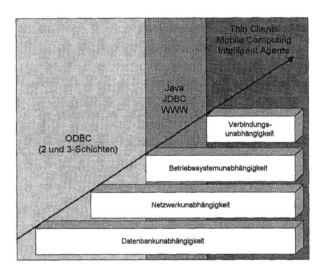

Abbildung 17 -Entwicklung neuer Architekturen [PETE96]

Kapitel 2

2 Datenbankschnittstellen im Internet

Wie bereits in der Aufgabenstellung beschrieben, sind viele Firmen an der Integration ihrer Datenbestände in das Internet und zunehmend auch in das Intranet interessiert. Der Zugriff auf Datenbanken mit dem Internet als Transportmedium entspricht in großem Maße dem Client/Server-Modell. Viele Webserver bieten die Möglichkeit über ODBC, das von Microsoft im "Internet Information Server (IIS)" und in Zukunft auch vom "Netscape Communications Server" unterstützt wird, auf Datenbestände zuzugreifen.

Dieses Kapitel gibt einen kurzen Überblick über die Alternativen bei der Durchführung von Datenbankanfragen.

2.1 CGI - Common Gateway Interface

Das CGI bietet die Möglichkeit Programme auf dem WWW-Server auszuführen, wobei hierbei die Übergabe von Parametern möglich ist. Als am meisten eingesetzte Programmiersprache für diese Programme gilt

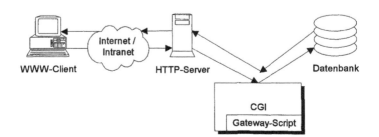

Perl.

Die ersten hiermit entwickelten Programme sandten die SQL-Abfragen
direkt an das Datenbanksystem. Viele Hersteller von Datenbanksystemen
entwickelten spezielle CGI-Schnittstellen für ihre Produkte. Hierzu wurde
in den meisten Fällen eine Erweiterung des HTML-Sprachumfangs
vorgenommen, die eine Erleichterung bei der Erstellung von HTML-
Formularen zur Eingabe der Parameter und der Auswertung der
Ergebnisse darstellen. Diese erweiterten HTML-Dateien werden Templates,
Masken oder Makros genannt. Neue Ansätze bei der Entwicklung von CGI-
Programmen sehen einen Vermittler zwischen dem CGI-Programm und
dem DBMS vor.

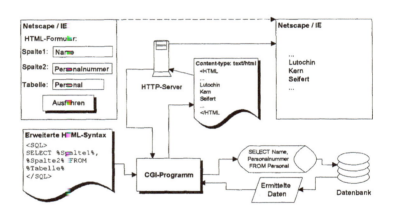

Abbildung 19 - Datenbankanbindung
mit dem CGI

Das Ergebnis der SQL-Abfrage wird vom CGI-Programm als HTML-Seite
aufbereitet und an den Client gesandt.

Die Kommunikation führt in dieser Architektur immer über den HTTP-
Server. Er dekodiert die Anfragen und übersetzt die Ergebnisse in HTML.
Führen viele Benutzer diese Funktion zur selben Zeit aus, kommt es zu
Wartezeiten und einer Überlastung des HTTP-Servers. Eine weitere

Schwachstelle stellt der HTTP-Server selbst dar. Jeder Aufruf eines CGI-Programms erzeugt auf dem HTTP-Server einen eigenen Prozess, der nach der Erzeugung der HTML-Seite beendet wird. Der HTTP-Server reagiert auf Anfragen unabhängig von der letzten Aktion immer gleich, d.h. Informationen der letzten Verbindungen werden nicht genutzt. Hinzu kommt, daß HTTP als verbindungsloses Protokoll für die Durchführung von Transaktionen eines verbindungsorientierten und damit effizienten Datenbanksystems ungeeignet ist. Jede Abfrage erfolgt im Stapelbetrieb, wobei der Benutzer jeweils bei der Datenbank an- und anschließend wieder abgemeldet wird. Führen viele Benutzer diese Abfragen aus, kommt es zu langen Wartezeiten. Für die immer größer werdenden Datenmengen ist diese Architektur nicht geeignet.

Die Tatsache, daß die CGI-Programme in den meisten Fällen in der Skriptsprache Perl realisiert werden, öffnet potentiellen Angreifern eine Möglichkeit in HTTP-Server einzubrechen. Schwachpunkt hierbei sind die Parameter, die nur als Datentyp String zur Verfügung stehen und eine Überprüfung deshalb nur schwer zu realisieren ist. Somit ist es möglich UNIX-Systembefehle durch das Einfügen von Metazeichen auszuführen.

Vorteile von CGI sind der

- offene Standard,
  nahezu jeder HTTP-Server kann CGI-Programme ausführen,

- die separaten Prozesse,
  ein fehlerhaftes CGI-Programm beeinflußt die Funktionalität des HTTP-Servers nicht,

- die leichte Realisierung von CGI-Programmen,
  nahezu alle Programmiersprachen können zur Erstellung von CGI-Programmen genutzt werden.

2.2 Server APIs

Diese patentrechtlich geschützten Funktionssammlungen sind serverspezifisch und werden von Drittanbietern in deren Produkten verwendet. Anwendungen, die APIs verwenden, sind nicht immer portabel. Beispiel ist der Microsoft Internet Information Server, der sowohl CGI als auch die APIs von Microsoft ISAPI (Internet Server API) unterstützt. Wird eine Anwendung, die ISAPI-Funktionen verwendet, auf einem anderen Webserver gestartet, muß die API-Spezifikation dieses Servers ebenfalls diese Funktionen enthalten. Ansonsten können Teile der Applikation nicht ausgeführt werden. Dieser Einschränkung der Portabiliät muß bei der Planung, der Entwicklung und dem Einsatz einer Applikation Rechnung getragen werden [DUTC96].

2.3 Java™ und JavaScript™ basierte Server-APIs

Hierbei wird die Programmiersprache Java™ dazu verwendet, Applets auf der Clientseite und Programme auf der Serverseite zu entwickeln und zu verwalten. Die Plattformunabhängigkeit von Java™ garantiert eine 100% Portabilität zu Webservern, die ebenfalls diese APIs unterstützen.

2.4 ActiveX Server-Tools

Von Microsoft entwickelt, wird ActiveX mittlerweile von einer Reihe von Webservern unterstützt. ActiveX-Programme laufen auf dem Server und werden mit Visual Basic oder Visual C++ entwickelt.

Die Nachteile des Common Gateway Interfaces und der Server-APIs wurden schnell erkannt und nach neuen Ansätzen gesucht. Die Entwicklung von Java™ öffnete den Weg hin zu einer Architektur, die dem bereits bewährten Client/Server-Modell entspricht. (siehe Evolution von C/S). Die Erstellung verteilter Anwendungen und die damit verbundene Kommunikation zwischen den Programmen ist derzeit aber nur über Socket-APIs möglich. Um diese Einschränkung zu umgehen, gibt es derzeit eine Vielzahl von Bemühungen, Java™ mit Transportschichten wie CORBA (Common Object Request Broker Architecture) oder DCE (Distributed Computing Environment) zu verbinden. CORBA definiert den Standard, mit dem Objekte Methoden eines anderen aufrufen und nutzen können. Hierbei ist es unwichtig, in welcher Sprache und auf welchem Betriebssystem das referenzierte Objekt implementiert wurde. Es handelt

sich quasi um ein Bussystem zwischen Objekten in einer heterogenen
Umgebung [BICH8/96]. Mit Java™ soll es somit möglich werden, mit
CORBA-kompatiblen Servern zu kommunizieren.

Die Vorteile dieser Architektur liegen auf der Hand:

- CORBA bietet Ortstransparenz, Java™ Plattformunabhängigkeit

- Die C-Schnittstelle von Java™ überwinden und damit eine umfassende
  Kommunikationen zwischen Applikationen zu erzielen.

Diese Entwicklung steckt noch in den Kinderschuhen, wird aber mit
Nachdruck vorangetrieben.

2.5 Datenbankanbindungen

Die besprochenen Methoden für den Zugriff auf einen Datenbankserver
über das Internet haben gezeigt, daß derzeit nur Java™ in Verbindung mit
der JDBC-Schnittstelle den steigenden Anspruch an die Leistung und
Flexibilität derartiger Anwendungen gerecht wird. Die Erfolge von ODBC
und der ähnlichen Konzeption von JDBC geben dem Programmierer und
schießlich dem Anwender die Möglichkeit effiziente Programme für den
Zugriff auf Datenbestände zu entwickeln und zu nutzen. Dennoch gibt es
beim Einsatz dieser Architektur noch Grenzen und Beschränkungen.
Hierzu gehört die Tatsache, daß ein Applet nur eine Verbindung zu dem
Rechner aufbauen darf, von dem es geladen wurde. Befinden sich WWW-
Server und Datenbankserver nicht auf einem Rechner, ist es nicht möglich
den JDBC-Treiber zu laden. Hinzu kommt, daß viele Hersteller von
Datenbanken und Drittanbieter JDBC-Treiber auf den Markt bringen, die
nicht ausschließlich in Java™ programmiert wurden. Die Verwendung von
sog. nativen Methoden führt wiederum zu den bereits besprochenen
Restriktionen mit den Sicherheitsbestimmungen der momentan
verfügbaren WWW-Browsern. Die Hersteller der WWW-Browser haben
zwar die Möglichkeit geschaffen sog. "trusted Applets" zu verwenden, dies
bringt aber weitere Probleme mit sich. Ein Applet, daß in einem separaten
Fenster läuft, kann die Beschränkungen des SecurityManagers umgehen

und kann Verbindungen zu einem beliebigen Rechner aufnehmen. Dem Anwender wird hier die Möglichkeit gegeben, Applets, die auf Systemresourcen zugreifen, trotzdem auszuführen. Das Vertrauen des Anwenders wird durch kryptographische Schlüssel oder durch die Festlegung der TCP/IP-Adresse in Konfigurationsdateien unterstützt.

Um aber dem steigenden Sicherheitsbedürfnis der Anwender und den Bestimmungen der Netzwerkadministratoren und der Datensicherheitsbeauftragen zu genügen, sollte diese Möglichkeit nicht verwendet werden.

Diese Gründe führten zur Wiederverwendung des 3-Schichten-Modells (3-tier). Es wird hierbei ein Applikationsserver verwendet, der es ermöglicht auf beliebige Datenbankserver zuzugreifen. Ein sog. Datenbankvermittler, der auf dem Applikationsserver läuft, empfängt die Anfragen von Applets oder Java™-Programmen, führt die Abfrage auf dem Datenbankserver aus und übermittelt die Daten zurück.

Vorteile dieser Architektur sind:

- Erhöhte Sicherheit
  Programme können nicht direkt auf den Datenbankserver zugreifen. Der Datenbankvermittler überwacht und kontrolliert die Anfragen.

- Leistungssteigerung
  Die Verwendung bereits geöffneter Datenbankverbindungen reduziert die Zugriffsdauer auf den Datenbankserver.

- Kontrolle der Datenbankzugriffe
  Ist die Zahl der Anwender, die Datenbankanfragen durchführen, an einem für die Effizienz kritischen Punkt, können weitere Zugriffe abgewiesen werden. So kann vermieden werden, daß der Datenbankserver in einen unstabilen Zustand gerät und für weitere Zugriffe nicht mehr zur Verfügung steht.

- Integration des Datenbankvermittlers in den HTTP-Server
  Viele Hersteller von Datenbanksystemen (z.B.: Oracle) entwickeln eigene

HTTP-Server, die bereits die volle Funktionalität für den Zugriff und die Verwaltung eines Datenbankservers integriert haben. Die Trennung von HTTP-Server und Datenbankserver soll somit entfallen und eine Internet-Datenbank-Schnittstelle mit extrem hoher Performance geschaffen werden.

Die Vorgehensweise bei der Erstellung der einzelnen Komponenten der Applikation wird nachfolgend detailliert beschrieben.

Kapitel 3

3 Konzeption der Anwendung SCD-Siemens Corporate Directory

Dieses Kapitel legt die zur Verfügung gestellte Funktionalität der Applikation genauer fest. Zunächst werden die Gründe für die Auswahl des WWW-Browsers und des Servers dargelegt., auf denen die vorliegende Arbeit basiert. Danach wird die Architektur des Systems beschrieben. Schließlich werden einzelne Teilbereiche des Systems genauer vorgestellt: die Erzeugung der Serverinstanz, die Anbindung an die Datenbank, die Datensatzermittlung und -darstellung, der Updatevorgang und das Drucken von Datensätzen.

3.1 Netscape V3.x als WWW-Client

Der WWW-Browser der Firma Netscape war bis zur Freigabe des Internet Explorers der Firma Microsoft im September 1996 marktbeherrschend. Diese Tatsache ließ ihn zum Standardbrowser für viele Internetanwender werden und gibt eine Garantie für eine große Verbreitung. Die Diskussion innerhalb der Firma Siemens, welcher Browser zukünftig als Standard eingesetzt wird soll in dieser Arbeit keine Rolle spielen. Die Vielzahl von Erweiterungen, die über den HTML-Standard hinausgehen, machen den Browser der Firma Netscape für die Ansprüche an die zu entwickelnde Applikation interessant. Netscape hat mit der Veröffentlichung ihres Internetbrowsers ein Werkzeug zur Verfügung gestellt, das dem Programmierer ein Höchstmaß an Flexibilität bei der Entwicklung von

Internetanwendungen bietet. Java™, das mit der Java™-VirtualMachine ab der Version 2.2 ein fester Bestandteil des Browser ist, wurde von Netscape als eine der ersten Firmen lizenziert. Es wurde schnell erkannt, welches Potential in Java™ als Internetsprache steckt. Der Einsatz von PlugIns, die in C/C++ entwickelt werden und als Zusatz an den Browser eingebunden werden, bieten die Möglichkeit, neue Internettechniken und Formate im Browser zugänglich zu machen. Die Version 3.0 bietet eine Erweiterung des HTML-Standards, sowie die Möglichkeit der Kommunikation zwischen einem JavaScript™-Programm und einem JavaApplet. Diese Funktionalität wird im Kapitel 3.7 noch genauer besprochen.

Die Auswahl des geeigneten Internetservers wurde durch den Einsatz der JDBC/ODBC-Bridge stark eingeschränkt. Da es derzeit keine Umsetzung von Microsoft ODBC auf UNIX-Rechner gibt, konnten die bestehenden auf UNIX basierenden WWW-Server nicht genutzt werden.

3.2 Erstellen eines Windows NT Internet Servers

Für die Wahl von Windows NT spricht das Sicherheitskonzept, die leichte Konfigurierbarkeit und die hohe Skalierbarkeit.

3.2.1 Richtlinien zur NT Internet Server Sicherheit

• Die physikalische Trennung zwischen dem Internet und dem lokalen Netzwerk

• Die Isolation des lokalen Protokolls (z.B.: IPX) vom Internetprotokoll IP

• Die Verwendung eines Routers zwischen dem lokalen Netzwerk und dem Internetzugang

• Eine Erhöhung der Sicherheit durch die Deaktivierung des TCP/IP-Protokolls auf dem NT-Server

Werden diese Richtlinien in Verbindung mit den Sicherheitsbeschränkungen des Filesystems NTFS von NT eingehalten, kann eine größtmögliche Sicherheit erreicht werden.

3.2.2 Leichte Konfiguration

Durch die Integration der Internetserversoftware in das Betriebssystem
der Serverversion von Microsoft Windows NT ist die Installation weiterer
Programme unnötig. Die eingesetzte Workstationversion von Windows NT
erforderte den Einsatz einer Internetserversoftware. Mit FrontPage97™ hat
Microsoft eine Serversoftware entwickelt, die es ermöglicht innerhalb von
Minuten einen Server zu installieren und damit zu nutzen.

3.2.3 Skalierbarkeit

Der enorme Preisvorteil bei der Erweiterung des PC-basierten Systems
gestattet ein schnelles und vorallem wirtschaftliches Handeln auf die
steigenden Anforderungen an die Netzwerkkomponenten [HAARSI].

Im Rahmen der Diplomarbeit stand folgender Rechner zur Verfügung:

Rechner:	Pentium 90
Festplattenspeicher:	3 GB
Arbeitsspeicher:	48 MB
Betriebssystem:	Microsoft Windows NT 3.51

Tabelle 12 - Hardwareausstattung

Die Netzkonfiguration der Siemens AG München meldet jeden Rechner im
Domain Name Service (DNS) an. Durch den Einsatz verschiedener DNS-
Server wurde ein Abgleich durch die PC-Verwaltung nötig. Es wurde somit
jedem Mitarbeiter des Siemens AG die Möglichkeit gegeben, auf den
erstellten Intranetserver zuzugreifen. Die HTTP-Adresse wurde durch
Microsoft FrontPage festgelegt und setzt sich aus dem Computernamen
und dem verwendeten Port zusammen.

HTTP://mchp0449.zfe.siemens.de:8080

Als Entwicklungsumgebung für die Erstellung der Anwendung wurde 'VisualCafe' der Firma Symantec verwendet. Derzeit ist zwar nur die Betaversion zugänglich, das Programm bietet aber im Vergleich mit anderen Produkten weit mehr Funktionalität.

3.3 Architektur der Anwendung

Die Realisierung der Anwendung erfolgte auf Basis der im Vorfeld erarbeiteten Erkenntnisse. Der Umstand, daß Sybase die JDBC-Schnittstelle erst mit der Version 2 von Optima++™ der Firma Powersoft veröffentlichen wird, bedingt die Realisierung der Anwendung mit Hilfe der JDBC/ODBC-Schnittstelle.

Die Einschränkung der JDBC/ODBC-Schnittstelle und die Vorteile bei der Verwendung des 3-Schichten Modells führten zu folgendem Modell:

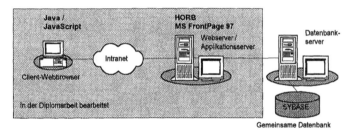

Abbildung 20 - Schema der Anwendung SCD

Für diese Architektur spricht auch die Tatsache, daß mit der Verwendung von ODBC die Datenquelle in einem ODBC-Konfigurationsprogramm auf dem Rechner angemeldet und damit installiert sein muß.

Im Rahmen der Diplomarbeit wurde ein Applet konzipiert und entwickelt, das als Frontend dem Anwender auf dem lokalen Netscapebrowser zur Verfügung steht. Weiterhin wurde ein Datenbankvermittler realisiert, der die Datenbankanfragen des Applets umsetzt. Für die Entwicklung dieses Programmes wurde von einer eigenen Programmierung der dafür benötigten Netzwerkfunktionen Abstand genommen und dafür das Sharewaretool HORB verwendet. Es bietet eine komplette

Klassensammlung für die Erstellung verteilter Applikationen (siehe Kapitel 1.7).

3.4 Die Anwendung SCD - Siemens Corporate Directory

Das Siemens Corporate Directory ist ein elektronisches Firmen-Kommunikations-Verzeichnis, das unternehmensweit Kommunikations-Adressen von Personen und Objekten enthält.

Die steigende Kommunikation innerhalb der SAG führte zu einer Aufwandserhöhung beim Auffinden benötigter Adressen. Die bestehenden Kommunikations- und Adressenverzeichnisse sind in der Regel system- und standortbezogene Einzelverzeichnisse und liegen in Papier und/oder elektronischer Form vor.

Daraus ergeben sich eine Reihe von Problemen:

- der Anwender weiß nicht genau, wo eine Information zu finden ist

- der Zugriff auf die verschiedenen Daten verlangt ein unterschiedliches Handling

- der Anwender hat nicht immer Zugriff auf aktuell benötigte Verzeichnisse (Zugriffssberechtigung)

- die Informationen sind in den verschiedenen Verzeichnissen redundant und werden an mehreren Orten gepflegt

Um diese Probleme zu lösen, hat ein Arbeitskreis ein Konzept für einen Siemens Corporate Directory Service auf Basis des X.500 Protokolls erarbeitet.

Im Rahmen der Diplomarbeit wurde eine Applikation erstellt, die den Mitgliedern des Zentralbereiches Technik die Verwaltung personenbezogener Daten ermöglicht.

Definition der Datensatzbeschreibung:

Attributname	max zulässig Län ge*	zulässig e Zeichen	Beispiel	Bemerkung
CountryName	2*	3)	DE	
OrgName	16	5)	SIEMENS	Abgekürzter Name der Firma
OrgUnitName	8	5)	KWU	Abgekürzter Name des Bereichs
LocalityName	30	5)	MCH M	Abgekürzter Name des Standortes
CommonName	52	5) -	MUSTERMANN HERBERT	Nachname und Vorname durch Blank getrennt
Surname	30	2)	MUSTERMANN	Nachname ohne nationale Sonderzeichen
GivenName	30	2)		Vorname ohne nationale Sonderzeichen
CommonNameNat	52	1)	Dr. Herbert Mustermann	persönlich gewünschte nationale Schreibweise mit Sonderzeichen
Initials	5	2)	dhm	persönlich gewünschte Schreibweise
Gender	1	M F	M	M (maskulin) F (feminin)
PersonalTitle	10	1)	Herr	gebräuchliche Anrede
GraduateTitle	15	1)	Dr.	Alle akademischen Titel möglich
MainFunction	40	1)		
Department	30	1)	KWU OI A 126	
RoomNumber	15	2) 0-9	5513/220	
X.400Address	200	2) 0-9 = ;	C=DE;A=DBP;	X.400 Adresse
InternetAddress	100	2) 0-9 @	herbert.musterm ann@mch	Internetadresse
PhoneNumber	32	4)	+ 49 89 4133	
FaxNumber	32	4)	+ 49 89 4133	
Secretary	100	2) = ;	C=DE;O=SIEME NS	
Representation	100	2) = ;	C=DE;O=SIEME NS	
MobilTelefon	32	4)	+49 171 1234	
VideoConference1	32	4)		
VideoConference2	32	4)		
PublicKey	1	1)		
Pager	32	4)		City Call oder Piepser
CostLocation	20	1)		
PersIDNumber	20	1)		

Tabelle 13 - Datensatzbeschreibung

Legende:

1) zugelassene Zeichen: alle Zeichen des vereinbarten Lieferzeichensatzes,
   außer ; und !

2) zugelassene Zeichen: [A-Za-z] . - ( ) / Blank

3) zugelassene Zeichen: [A-Z]

4) zugelassene Zeichen: [0-9] + ( ) Blank

5) zugelassene Zeichen   [A-Z] [0-9] Blank

Die Darstellung der Informationen innerhalb des SCD-Services erfolgt in
Klassen:

Länderbezogene Informationen

Attribute	Einträge
Directory Struktureintrag:	
Land	DE
Länderbezogene Einträge:	
Land (englisch)	Germany
Land (national)	Deutschland

Tabelle 14 - Länderbezogene Informationen

Organisationsbezogene Informationen

Attribute	Einträge
Directory Struktureintrag:	
Organisation	SIEMENS
Organisationsbezogene Einträge:	
Organisation	Siemens AG
Organisation (national)	Siemens AG

Tabelle 15 - Organisationsbezogene Informationen

Organisationseinheitenbezogene Informationen

Attribute	Einträge
Directory Struktureintrag:	
Organisations Einheit	ZPL
Organisationseinheitbezogene Einträge:	
Organisations Einheit (kurz)	ZPL
Organisations Einheit (national)	Zentralabteilung Produktion und Logistik

Tabelle 16 - Organisationseinheitenbezogene Informationen

Standortbezogene Informationen

Attribute	Einträge
Directory Struktureintrag:	
Standort	MCH M
Lokationsbezogene Einträge:	
Standort (kurz)	Mch M
Ort	Muenchen
Straße	St.-Martin-Strasse 76
Ort (national)	München
Straße (national)	St.-Martin-Straße 76
Postleitzahl	81541
Brief Adresse	Postfach 801760
	81617 Muenchen
Brief Adresse (national)	Postfach 801760
	81617 München
Telefon	+49 89 4133 1234
Fax	+49 89 4133 5678
Regionale Einheit	....

Tabelle 17 - Standortbezogene Informationen

Personenbezogene Informationen

Attribute	Einträge
Directory Struktureintrag:	
Land	DE
Firma	SIEMENS
Org.-Einheit	ZPL
Standort	MCH M
Name	MUSTERMANN HERBERT
Personenbezogene Einträge:	
Name (national)	Dipl.-Ing. Herbert Mustermann
Abteilung	ZPL 1
Aufgabe/Tätigkeit	IT Manager
Telefon	+49 89 4133 1234
Fax	+49 89 4133 5678
Mobiltelefon	...
City Ruf	...
Video-Konferenz-Nummer	...
X.400-Adresse	c=DE/A=DBP/P=SCN/O=...
Internet-Adresse	herbert.mustermann@mchm.siemens.de
Nachname	Mustermann
Vorname	Herbert
Anrede	Herr
Akad. Grad/Titel	Dipl.-Ing.
Öffentlicher Schlüssel	...
Bau/Raum	Bau 02,772
Sekretariat	/C=DE/O=SIEMENS/OU=ZPL/L=MCHM/CN=

Tabelle 18 - Personenbezogene Daten

Anhand dieser Daten wurde auf dem Datenbankserver DAVID in der Datenbank AUFTRAG die Tabelle U_SCD_V1 erzeugt. Der Datenbankserver DAVID läuft auf dem SUN-Rechner GOLIATH, auf dem als Betriebssystem UNIX läuft und die Datenbank Sybase System 10 verwaltet. Die herstellerspezifische Funktionalität der Sybase -Datenbank wurde in der Anwendung nicht berücksichtigt.

Die Tabelle U_SCD_V1 enthält folgende Felder und Attribute:

Feldname:	Feldart + Feldgröße	Feldname:	Feldart + Feldgröße
CountryName	varchar(2)	RoomNumber	varchar(15)
OrgName	varchar(16)	X.400Address	varchar(200)
OrgUnitName	varchar(8)	InternetAddress	varchar(100)
LocalityName	varchar(30)	PhoneNumber	varchar(32)
CommonName	varchar(52)	FaxNumber	varchar(32)
Surname	varchar(30)	Secretary	varchar(100)
GivenName	varchar(30)	Representation	varchar(100)
CommonNameNat	varchar(52)	MobilTelefon	varchar(32)
Initifals	varchar(5)	VideoConference1	varchar(32)
Gender	varchar(1)	VideoConference2	varchar(32)
PersonalTitle	varchar(10)	PublicKey	varchar(1)
GraduateTitle	varchar(15)	Pager	varchar(32)
MainFunction	varchar(40)	CostLocation	varchar(20)
Department	varchar(30)	PersIDNumber	varchar(20)

Tabelle 19 - Feldattribute der Datenfelder

3.5 Programmablaufplan

Der Programmablauf, der dem Benutzer zur Verfügung steht, wird in folgendem Flußdiagramm verdeutlicht.

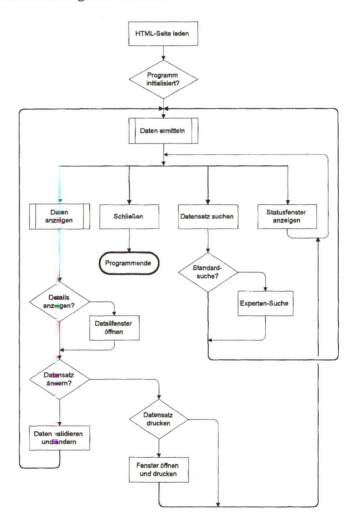

Abbildung 21 – Programmablaufplan der Anwendung SCD

3.6 Java™-Applet als Frontend

Die Möglichkeit mit Java™ verteilte Anwendungen im Internet zu realisieren, war ein entscheidendes Kriterium für die Entwicklung der Applikation. Die Wahl des Intranet als Medium für die Anwendung beruhte auf folgenden Entscheidungen.

- Vom Anwender kann der Umgang mit der Funktionalität eines Internetbrowser vorausgesetzt werden.

- Das Problem der Softwaredistribution, der Installation und der Wartung entfällt.

- Jeder Mitarbeiter bei Siemens verfügt über einen Arbeitsplatz mit Intranetzugang.

- Die Integration der Anwendung in die derzeit konzernweit erstelle Intranetstruktur.

- Die Unabhängigkeit vom Rechner und Betriebssystem des Anwenders.

Als Schwierigkeit bei der Entwicklung der Anwendung stellte sich die Tatsache heraus, daß es bei der Siemens AG noch keine eindeutigen Richtlinien für die Erstellung internettauglicher Software gibt.

Richtlinien für die Entwicklung in Form eines Siemens Style-Guides für Internetapplikationen wurden noch nicht erstellt. Als Möglichkeit hierfür kann die Tatsache aufgeführt werden, das viele Techniken der Standardprogrammierung mit dem derzeitigen Stand von Java™ nicht realisierbar sind. Aus diesem Grund mußten für die Entwicklung der Anwendung Designentscheidungen getroffen werden.

3.6.1 Menüs

In der Java™-Basisklasse java.awt.* sind Klassen für die Erzeugung von Menüs standardmäßig enthalten. Wird ein Java™-Applet im Appletviewer oder als stand alone Anwendung gestartet, stehen die Menüs dem Benutzer zur Verfügung. In den derzeit zur Verfügung stehenden

Browsern verhindert die jeweils implementierte Java™-VirutalMachine die Verwendung der Menüklassen.

Neben dieser Softwareeinschränkung beim Einsatz von Menüs gibt es darüber hinaus Überlegungen, die gegen eine Verwendung von Menüs in einem Browserapplet sprechen.

Wichtigste Tatsache hierbei ist, daß der Browser selbst bereits ein Menü implementiert hat. Ein Programmfenster mit einem Menü innerhalb einer anderen Anwendung mit Menü entspricht nicht dem normalen Programmeindruck. Diverse Java™-Internetbibliotheken bieten Klassen für das Simulieren von Menüs an. Diese basieren meist auf der Klasse Button, der durch Auswahl ein Fenster mit Optionen öffnet. Der Anspruch an eine kurze Ladezeit der Applikationen verbietet aber den Einsatz dieser "Notlösungen"

3.6.2 Mauszeiger

Wiederum verhindert die Java™-VirtualMachine von Browsern das Verändern des Mauszeigers. Um Ladevorgänge oder Berechnungen zu visualisieren und dem Anwender damit die momentane Tätigkeit des Programms zu zeigen, wird standardmäßig der Mauszeiger in eine Sanduhr verändert.

Um dennoch diesen Effekt zu erzeugen, wurde der HTML-Seite ein JavaScript™-Programm hinzugefügt, das eine animierte Grafik steuert. Das im Internet am häufigsten verwendete Grafikformat GIF bietet in der Version 89a die Möglichkeit bis zu 255 Bilder hintereinander in eine Datei zu speichern. Nach dem Laden der Grafik in den Browser werden die Bilder nacheinander angezeigt. Es entsteht somit der Eindruck eines bewegten Bildes. Für die Implementierung wurden gezielt Funktionen von Netscape 3.x gewählt. In diesen Versionen hat Netscape HTML- und JavaScript™-Erweiterungen implementiert, die es erlauben, eine Kommunikation zwischen einem Java™-Applet und einem JavaScript™-Programm zu erzeugen.

3.7 Kommunikation zwischen einem Java™-Applet und einem JavaScript™-Programm

Die Nutzung der HTML-Erweiterungen und die damit verbundene Aufwertung der Programmfunktionalitäten bedingt eine Festlegung auf einen Browserhersteller. Die Standardisierung der HTML-Sprachreferenz hinkt den technischen Möglichkeiten hinterher. Die Verwendung von browserspezifischen Erweiterungen in einer HTML-Datei, führt im besten Fall zu einer Ignorierung durch einen anderen Browser. Der Test mit dem Microsoft Internet Explorer zeigte, daß zwar die Steuerung der Grafik nicht möglich war, ansonsten aber keine Beeinträchtigung der grundlegenden Programmausführung eintrat.

Netscape hat ab der Version 3.0b3 die Fähigkeit der Kommunikation zwischen JavaScript™ und Java™ in ihrem Browser integriert.

Dem Programmierer stehen eine Reihe von Objekten zur Verfügung, die mit der geladenen HTML-Seite in Beziehung stehen.

window	Parentobjekt, das alle anderen Objekte enthält
location	Enthält Eigenschaften über den geladenen URL der Seite
history	erlaubt Sprünge auf bisher besuchte WWW-Seiten
document	Die Eigenschaften hängen vom Aufbau des HTML-Dokuments ab

Tabelle 20 - JavaScript™ Objekte [MINE7/96]

Die Vorgehensweise bei der Erstellung einer Java™-JavaScript™-Schnittstelle wird nachfolgend am Beispiel der Anwendung SCN beschrieben.

Die HTML-Datei beinhaltet das JavaScript™-Programm.

```
<SCRIPT>
delay = 100
imageNum = 1
go = true
theImages = new Array()
theImages[1] = new Image()
theImages[1].src = "slidbar1.gif"
theImages[2] = new Image()
theImages[2].src = "slidbar2.gif"
function start()
{ document.animation.src = theImages[2].src }
function stop()
{ document.animation.src = theImages[1].src }
</SCRIPT>
```

Weiterhin muß die HTML-Datei im Applet-TAG die Ergänzung MAYSCRIPT enthalten.

```
<APPLET CODE="SCN.class" WIDTH=600 HEIGHT=500 NAME="Applet1"
MAYSCRIPT></APPLET>
```

Dem Sourcecode des Applets müssen folgende Befehle hinzugefügt werden um das JavaScript™-Objekt referenzieren zu können.

```
public void init() {
        JSObject win = JSObejct.getWindow(this);
}
```

Anschließend kann auf die JavaScript™-Methoden zugegriffen werden:

```
public boolean mouseUp(Event e, int x, int y) {
    win.eval "start();");
    return true;
}
```

Die JavaScript™-Funktionen können nun durch das Java™-Applet ausgeführt werden. Die Vorgehensweise bei der Kommunikation zwischen einem JavaScript™-Programm und einem Java™-Applet kann der Quelle entnommen werden.

Beim Laden der HTML-Seite wird standardmäßig die animierte Grafik gezeigt. Diese Grafik wird mit der Funktion start() gezeigt und mit der Funktion stop() überblendet. Der gewünschte Effekt zur Visualisierung der Programmtätigkeit ist damit gegeben.

3.8 Erzeugen der HORB-Serverinstanz

Bei der Initialisierung des Applets wird der Object Request Broker für das
Applet auf dem Quellrechner erzeugt. Der ORB ist für die Kommunikation
zwischen dem Server- und dem Clientprogramm verantwortlich. Wird ein
Applet von einem Host geladen, kann dieses Java™-Programm
entsprechend der besprochenen Beschränkungen nur eine Verbindung
zurück zu seinem Quellrechner aufbauen. Für die Ermittlung des
Hostnamens stellt die Klasse java.applet.Applet die Funktion
getDocumentBase() zur Verfügung. Wurde das Applet auf dem lokalen
Rechner gestartet, liefert die Funktion den Wert 0.

```
HORB horb;
try {
    host = getDocumentBase().getHost();
    newhost = host;
    } catch (Exception e0) {}
    if (host == null || host.length() == 0)
    host = "localhost";
```

Anschließend wird der Object Request Broker für das Applet erzeugt.

```
try {
    horb = new HORB();        // ORB für Applet wird erzeugt
    } catch (Exception e) {}
```

Um die Serverinstanz auf dem Hostrechner referenzieren zu können, muß
der RemoteServer gestartet werden. Hierzu wird das Objekt
RemoteServer.remoteServer erzeugt.

```
if (remoteServer == null) {
try {
    remoteServer = new Server_Proxy(new HorbURL(host, null));
    classStatus.addStatus("Object wurde erzeugt");
    remoteServer.Server();
    vD = true;
    } catch (Exception e) {
    classStatus.addStatus("Verbindung fehlgeschlagen. Firewall? DNS? oder
Server nicht gestartet?");
System.out.println(e)
}
}
```

Die so initiierte Verbindung zwischen dem Applet und dem HORB-Server ermöglicht mittels entfernter Unterprogrammaufrufe eine direkte Kommunikation zwischen dem Applet und der Serverklasse.

Alle Funktionen für diese Kommunikation werden vom Server zur Verfügung gestellt. Die Ladezeit für diese Objekte ist hierbei minimal und damit vernachlässigbar. Auf Funktionen und Methoden des Serverobjekts kann direkt zugegriffen werden (z. B.: `remoteServer.work()`).

3.9 Aufbau der Datenbankverbindung

Der Verbindungsaufbau zur Datenbank erfolgt standardmäßig bei der Initialisierung des Applets. Das Serverprogramm enthält hierzu die Funktion `server.initConnection()`.

```
public boolean initConnection() {
        String url   = "jdbc:odbc:SCNDB";
        try {
          Class.forName ("jdbc.odbc.JdbcOdbcDriver");
          drv  = DriverManager.getDriver(url);
          con = DriverManager.getConnection (url, "SCN", "xxx");
          checkForWarning (con.getWarnings ());
          dma = con.getMetaData ();
        }
          catch (SQLException e) {
                System.out.println(e.getMessage());
                initConnection = false;
          }
          catch (ClassNotFoundException e) {
                System.out.println(e.getMessage());
                initConnection = false;
          }
```

```
        catch (IllegalAccessException e) {
                System.out.println(e.getMessage());
                initConnection = false;
          }
        catch (InstantiationException e) {
                System.out.println(e.getMessage());
                initConnection = false;
          }
        try{
        stmt = con.createStatement();
        stmt = con.prepareStatement("Select
                U_SCD_V1.CommonNameNat from U_SCD_V1 where
                U_SCD_V1.CommonNameNat like 'A%'";
        } catch (SQLException e) {
        System.out.println(e.getMessage());
        return false;
        }
        return true;
}
```

Der Verbindungsaufbau mit der Datenbank erfolgt durch den Aufruf

```
con = DriverManager.getConnection (url, "SCN", "xxx");
```

Auf dem Datenbankserver wird dadurch der Benutzer 'SCN' im System

angemeldet. Die Beschränkung auf max. 25 Teilnehmer in der

vorliegenden Version der Sybase-Datenbank erfordert ein Verbindungsmanagement.

3.9.1 Aufbau der Verbindung durch das Applet

Bei der Initialisierung des Applets wird eine Verbindung zum Datenbankserver erzeugt. Für die Verwaltung dieser Verbindung gibt es zwei Alternativen:

- Die Verbindung wird während der Lebenszeit des Applets (init - destroy) aufrechterhalten.

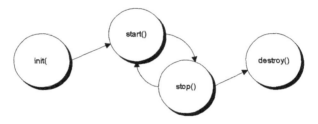

Abbildung 22 - Zyklen eines Applets

Schwierigkeit hierbei sind die vier Zustände eines Applets:

Ausführung der Funktionen:

init()	beim Laden des Applets
start()	beim Fokuserhalt der HTML-Seite
stop()	beim Fokusverlust der HTML-Seite, beim Fokusverlust von Netscape
destroy()	beim Beenden des Browsers

Tabelle 21 - Zustände eines Java™-Applets

Die Erstellung und Aufrechterhaltung der Verbindung für den gesamten Lebenszyklus des Applets ist in Hinblick auf die Beschränkung der Benutzerzahl der Datenbank nicht akzeptabel.

- Aufbau und Beenden der Verbindung abhängig von den Appletzuständen

Diese Vorgehensweise erfordert eine korrekte Überwachung der

Verbindung. Die Funktionen `init()` und `start()` bauen die Verbindung auf, die Funktionen `stop()` und `destroy()` beenden die Verbindung. Nachteil dieser Variante des Verbindungsmanagements ist das häufige An- und Abmelden an der Datenbank. Hier kann es wiederum zu Engpässen bei der Effizienz kommen.

3.9.2 Der Datenbankvermittler übernimmt das Verbinungsmanagement

Beim Start des Servers wird die Verbindung erstellt und ist anschließend für alle Applets präsent. Dieses Vorgehen hat den Vorteil, daß nur ein Benutzer an die Datenbank angemeldet wird. Überlegungen, die darauf abzielen, ob eine Verbindung nach einer Wartezeit, d. h. es wird eine bestimmte Zeit keine Anfrage an die Datenbank gestellt, beendet werden soll, könnten durch eine genaue Performanceauswertung überprüft werden.

Die Ansprüche an die Anwendung machten eine solch detailliertere Überprüfung von Zugriffszeiten nicht nötig.

3.9.3 Verwaltung der Daten

Die Verwaltung der Datensätze erfolgt mit Hilfe eines Vektors, der eine beliebige Anzahl von Sätzen des Datentyps `Data` enthält. Die Klasse java.uitl.Vector ist eine dynamische Sammlung von Objekten. Im Gegensatz zu einem Array muß ein Vektor nicht dimensioniert werden. Die Funktionen `addElement()` und `removeElement()` erlauben ein beliebiges Einfügen und Entfernen von Objekten. Die Größe des Vektors kann jederzeit durch die Funktion `size()` ermittelt und auf die Elemente eines Vektors durch die Funktion `elementAt()` zugegriffen werden. `Data` ist eine Klasse, die als Komponenten die Felder der Datensatzbeschreibung enthält.

3.9.4 Darstellung der Daten

Die als Ergebnis der Abfrage gelieferten Datensätze werden in einer Listbox angezeigt. Hierzu wurde eine Klasse List erstellt, die von der java.awt.Listbox abgeleitet wurde. Diese Klasse hat die Funktionen addItems() und removeItems() implementiert. Hierbei wird der Vektor an die Klasse List übergeben und ausgewertet. Der Anwender kann den ermittelten Datensatz oder einen Datensatz aus einer Gruppe von Datensätzen auswählen und durch Doppelklick in die Felder übernehmen. Hierzu wurden zwei Gruppen von Feldern gebildet.

Felder	änderbar	Ebene 1	Ebene 2
CountryName			CountryName
OrgName			OrgName
OrgUnitName			OrgUnitName
LocalityName			LocalityName
CommonName	✓	CommonName	
Surname	✓		Surname
GivenName	✓		GivenName
CommonNameNat	✓	CommonNameNat	
Inititals	✓		Inititals
Gender	✓	Gender	
PersonalTitle	✓	PersonalTitle	
GraduateTitle	✓	GraduateTitle	
MainFunction	✓		MainFunction
Department	✓	Department	
RoomNumber	✓		RoomNumber
X.400Address	✓		X.400Address
InternetAddress	✓	InternetAddress	
PhoneNumber	✓	PhoneNumber	
FaxNumber	✓		FaxNumber
Secretary	✓		Secretary
Representation	✓		Representation
MobilTelefon	✓		MobilTelefon
VideoConference1	✓		VideoConference1
VideoConference2	✓		VideoConference2
PublicKey			PublicKey
Pager			Pager
CostLocation			CostLocation
PersIDNumber		PersIDNumber	

Tabelle 22 - Datenfelder nach Ebenen getrennt

Werden bei einer Suche zuviele Datensätze ermittelt (> 50) so kommt es zu
einem enormen Performanceverlust des Applets. Die Daten werden in der
Listbox korrekt dargestellt, aber die Auswahl eines Datensatzes erfolgt mit
einer Zeitdifferenz, die leicht in den Bereich von mehreren 10 Sekunden
fällt. Aus diesem Grund werden Ergebnisse auf die Zahl von 50
Datensätzen reduziert.

3.9.5 Zugriff auf Daten

Der Zugriff auf die Daten erfolgt durch den Datenbankvermittler. Hierzu
wurde die Funktion `work()` implementiert. Der Anwender hat die
Möglichkeit eine Standardsuche, Expertensuche oder Detailansicht
auszuführen. Jede dieser Aktionen führt einen Zugriff auf die Datenbank
durch, der durch die Funktionen `createStatement()` und `executeQuery()`
realisiert ist. Die Detailansicht bedingt den Zugriff auf einen einzelnen,
durch die Personalnummer identifizierten Datensatz. Die Suchfunktion
auf einen oder eine Gruppe von Datensätzen.

Das SQL-Statement wird im Applet erzeugt und mit dem Funktionsaufruf
`Server.work(SQLText)` an den Datenbankvermittler übergeben. Die
Funktion `sendSQLStatement(String SQLStatement)` führt die Abfrage aus.

```
private ResultSet sendSQLStatement(String SQLStatement) {
    ResultSet rsgen;
    try {
        rsgen = stmt.executeQuery(SQLStatement);
    }
    catch (SQLException e) { ...
        rsgen = null;
    }
    return rsgen;
}
```

Das ResultSet enthält anschließend die ermittelten Datensätze. Mit der
Anweisung:

```
...
while (rs.next()) {
    vecdata = addElement(rs);
    }
...
```

werden die Datensätze ermittelt und an den Vektor angefügt. Die Klasse
java.util.Vector enthält in der derzeitigen Version jedoch einen Fehler.

Das Anfügen an einen Vektor in einer Schleife führt zu einer
Wertzuweisung der gesamten Objekte mit dem Wert des letzten
eingefügten Objektes.

Falsches Vorgehen:

```
data[0].name = "Vogl";
data[1].name = "Kern";
data[2].name = null;
for (int i = 0 ; i < 2; i++)
    vecdata.addElement(data[i].name);
```

Der Vektor enthält anschließend zwar die korrekte Anzahl von Elementen
(3), die Objekte haben aber alle den Wert null. Abhilfe schafft das Anfügen
des Wertes in einer eigenen Funktion:

Korrektes Vorgehen:

```
data[0].name = "Vogl",
data[1].name = "Kern";
data[2].name = null;
for (int i = 0; i < 2; i++)
        vecdata = ADDELEMENT(vecdata, data[i]);
...
private Vector ADDELEMENT(Vector VECDATA, Data DATA) {
    VECDATA.addElement(DATA.name);
    return VECDATA;
}
```

Der Vektor enthält anschließend die korrekte Anzahl von Objekten und
die Objekte haben die ihnen zugewiesenen Werte.

Der Vektor wird als Ergebnis der Datenbankabfrage an das Applet
übergeben und dargestellt.

3.10 Suchen nach Personen oder Personengruppen

Die Suche nach Personen oder Personengruppen ist eine
Basisfunktionalität der Anwendung. Hierbei kann auf eine Standardsuche
und eine erweiterte Suchfunktion, der sog. Expertensuche zurückgegriffen
werden.

3.10.1 Standardsuche

Das Applet bietet im Grundbild zwei Listboxen und ein Textfeld, die eine
Auswahl von Kriterien zulassen. Die Listbox 'Feld' beinhaltet die
Feldnamen, in denen am häufigsten gesucht wird. Einschränkungen des
Suchmusters werden in der Listbox 'Suchkriterien' getroffen. Hierbei
stehen die Attribute 'am Anfang', 'im Feld' und 'am Ende' zur Verfügung.
Das Textfeld ermöglicht die Eingabe des Suchbegriffs.

Eine mögliche Standardsuche wäre:

Feld:	Name
Suchkriterien:	im Feld
Suchbegriff:	Vogl

Tabelle 23 - Beispielwerte für Standardsuche

Die Ermittlung und die Darstellung der Daten erfolgt wie bereits
beschrieben.

3.10.2 Expertensuche

Die Suche nach Datensätzen durch eine Festlegung auf mehrere Kriterien
erfordert eine Suche in mehreren Feldern oder nach mehreren Begriffen.
Hierzu kann der Anwender die Funktionalität Expertensuche nutzen. Für
die Definition der Abfrage stehen jeweils 5 Textfelder, Listboxen und
Optionsgruppen zur Verfügung. Dem im Textfeld eingegebenen
Suchkriterium wird über die Listbox ein Feld zugeordnet. Die Auswahl
einer und/oder Suchbedingung erlaubt eine Definition nach der im
Kapitel 1.6 beschriebenen SQL-Syntax.

Der Aufbau des SQL-Kommandos erfolgt bei beiden Sucharten auf die gleiche Weise und beruht auf der Überprüfung der Textfelder auf Inhalt, den Aufbau und die Erweiterung des Suchstrings. Wie bereits im Kapitel 1.6 beschrieben, können keine deutschen Umlaute verwendet werden. Aus diesem Grund werden die Umlaute durch die Platzhalterzeichen '_' ersetzt.

3.11 Ändern von Datensätzen

Die Daten der Anwendung werden von verschiedenen Bereichen der Siemens AG zur Verfügung gestellt. Hauptlieferant ist hierbei die Personalabteilung, die ihre Daten aus einem UNIX-System liefert. Aus diesem Grund sind in den Datensätzen keine Umlaute und Sonderzeichen enthalten (König wird als Koenig dargestellt). Eine elektronische Umwandlung der Daten ist durch die Vielzahl von Schreibweisen nicht realisierbar. Ein gutes Beispiel für die Fehleranfälligkeit einer Automatisierung ist der Familienname Bauer, der in diesem Fall zu Baür wird. Um dennoch eine nationale Schreibweise zu ermöglichen und dem Anwender die Änderung von persönlichen Daten zu gestatten, wurde die Aktualisierung von Datensätzen realisiert.

Dem Anwender steht hierbei nur sein Datensatz und hier wiederum nur eine Auswahl von Feldern der Datensatzgruppe zur Verfügung. Zur Authentifizierung wird vor dem Update die Personalnummer in einem separaten Fenster abgefragt. Der Update wird vom Datenbankvermittler durchgeführt, dem das Objekt Data übergeben wird.

```
public void update(String newPhoneNumber, String PersID) throws
    SQLException {
        con.commit();
        Statement stmt = con.createStatement();
        String query = "UPDATE U_SCD_V1 SET U_SCD_V1.PhoneNumber
                = " + "\"" + newPhoneNumber + "\"";
        query = query + " WHERE (((U_SCD_V1.PersonalIdNumber)="
                + "\"" + PersID + "\"" +"))";
        System.out.println(query);
        int rowsUpdated = stmt.executeUpdate(query);
        con.commit();
        stmt.close();
    }
```

Zur Bestätigung des Updates wird im Anschluß an den erfolgreichen
Update-Vorgang der Datensatz ermittelt und in der Listbox dargestellt.

3.12 Drucken von Datensätzen

Der Zugriff auf eine Resource des Clientsystems wird durch den
SecurityManager nicht gestattet (siehe Kapitel 1.2.3). Aus diesem Grund
ist es ebenfalls nicht möglich den Drucker direkt aus einem Applet heraus
anzusteuern. Die Klasse java.applet.Applet bietet mit der Funktion
showDocument() die Möglichkeit ein neues Fenster in Netscape zu öffnen.
Dieses Fenster kann Text enthalten und vom Anwender abgespeichert
oder gedruckt werden.

```java
public class ShowHTML {
public static void showPage(Applet app, String html) {
    URL page = makeJavascriptURL(html);
    app.getAppletContext().showDocument(page);
}
public static void showPage(Applet app, String html, String frameName)
{
    URL page = makeJavascriptURL(html);
    app.getAppletContext().showDocument(page, frameName);
}
public static URL makeJavascriptURL(String html) {
    try {
    URL page = new URL("javascript:'" + html + "'");
    return(page);
    } catch(MalformedURLException mue) {
    System.out.println("Illegal URL: " + mue);
    return(null);
    }
}
}
```

```java
ShowHTML.showPage(this,
                "<HEAD>" +
                "<TITLE>Mitarbeiterliste</TITLE></HEAD>" +
                "<BODY>"+
                "<FORM NAME=" + "\"" + "left" + "\"" + ">" +
                "<P><INPUT TYPE=" + "\"" + "button" + "\"" + " VALUE="
                + "\"" + "Zurück" + "\"" +
                "onClick=" + "\"" + "history.back()" + "\"" + ">" +
                "<P>Bitte w&auml;hlen Sie beim Druck dieser Seite die
                Option Querformat.</P>" +
                "<HR>" +
                "<H2>Liste der selektierten Mitarbeiter:</H2>" +
                "<TABLE ALIGN=LEFT>" +
                "<TR>" +
                "<TD>Mann/Frau:</TD>" +
                "<TD>Name:</TD>" +
                "<TD>Name (national):</TD>" +
                "<TD>Titel:</TD>" +
                "<TD>Akad. / Grad</TD>" +
                "<TD>Abteilung:</TD>" +
                "<TD>Telefonnummer:</TD>" +
                "<TD>Internetadresse:</TD></TR>" +
                HTMLString +
                "</BODY>");
```

3.13 Anzeigen eines Statusfensters

Das Applet dokumentiert alle Zustände in einem Fenster, das über den Button "Status" geöffnet wird. Beim Eintritt und beim Verlassen einer Funktion werden die Parameter und der Zustand der Verbindung angefügt. Dem Anwender wurde hiermit die Möglichkeit gegeben, jederzeit einen Statusbericht über den Zustand der Anwendung zu erhalten.

Kapitel 4

4 Zusammenfassung und Ausblick auf neue Technologien

Neben JDBC gibt es weitere Entwicklungen für die Speicherung von Daten durch Java™. Viele Firmen entwickeln neue Methoden und Architekturen für die Verwaltung und den Zugriff von Datenbeständen. Die vielversprechendsten Entwicklungen, die derzeit bereits das Entwicklungsstadium verlassen haben, werden nachfolgend kurz vorgestellt.

4.1 Objektorientierte Datenbanken

Das object database standards consortium (ODMG) arbeitet derzeit an einer API für objektorientierte Java™-Datenbanken. JavaSoft hat derzeit keine Pläne eine objektorientierte Datenbank zu entwickeln und zu vertreiben.

4.2 Senden von Java™-Objekten

Die Remote Method Invocation (RMI) erlaubt es ein Java™-Objekt als Bytestrom beständig in einem File zu speichern oder über das Netzwerk zu versenden. Der Anwender dieser Technik muß die ganze Funktionalität einer Datenbank selbst programmieren [JSOF96].

Welche dieser Techniken sich endgültig durchsetzen wird, steht mit dem heutigen Stand der Technik nicht fest. Als fester Bestandteil dieser Techniken hat sich Java™ aber bereits heute etabliert.

Dieser Entwicklung entsprechend werden zukünftige Version der WWW-Browser Möglichkeiten für die Nutzung von Resourcen durch Java™-Applets enthalten. Netscape wird in der nächsten Version des Netscape-Navigators die Funktionen für

- den Zugriff auf native Methoden,

- den Zugriff auf Datei Ein- und Ausgabefunktionen und

- den Zugriff auf andere Netzwerkverbindungen als den Ursprungsrechner

unterstützen [NETS96].

Diese Funktionen in Verbindung mit einer reinen JDBC-Schnittstelle zu den verschiedenen Datenbanksystemen ermöglichen eine einfache und wirtschaftliche Realisierung von Anwendungen, die den Zugriff auf Datenbanken unterstützen. Der Wandel der Programme und die damit verbundene Art der Nutzung des Internets werden die heutige Programmlandschaft ändern.

Die im Rahmen der Diplomarbeit erstellte Anwendung Siemens Corporate Network Directory wird im Zentralbereich Technik der Siemens AG München-Perlach eingesetzt. Die hierbei erarbeiteten Grundlagen werden bei der Planung und Entwicklung weiterer Projekte verwendet. Die Siemens AG hat sich mit der Entscheidung, ein weltweites Intranet aufzubauen, auf den Weg in ein neues Zeitalter der Datenkommunikation begeben. Programme, Architekturen und Einstellungen der Entwickler und Anwender werden sich ändern und einen globalen Charakter erhalten. Die Diplomarbeit wird einen Beitrag bei der Realisierung dieses Zieles leisten.

Anhang

Klasse java.sql.DriverManager

Diese Klasse dient zum Laden und Anmelden eines JDBC-Treibers und wird normalerweise vom JDBC-Treiber aufgerufen.

Konstruktor:

DriverManager()

Methoden

public static void deregisterDriver(Driver driver) throws SQLException	Entfernen eines Treibers aus der Liste des DriverManagers
public static synchronized Connection getConnection(String url) throws SQLException	Aufbau einer Verbindung mit einer gegebenen URL.. Rückgabewert: Liefert eine Verbindung zu der URL
public static synchronized Connection getConnection(String url, Properties info) throws SQLException	
public static synchronized Connection getConnection(String url, String user, String password) throws SQLException	
public static Driver getDriver(String url) throws SQLException	Versuch einen Treiber zu laden, welcher der gegebenen URL entspricht. Rückgabewert:Treiber, der mit der URL eine Verbindung aufbauen kann.
public static Enumeration getDrivers()	Liefert alle momentan geladenen Treiber in einer Enumeration.
public static int getLoginTimeout()	Liefert die Zeit in Sekunden, die ein Treiber versucht eine Datenbankverbindung aufzubauen.
public static PrintStream getLogStream()	Liefert den Anmelde- und Ausführungs-Schreibstrom, der vom DriverManager und allen Treibern verwendet wird.
public static void println(String message)	Sendet eine Meldung an den momentanten JDBC Protokollstrom.
public static synchronized void registerDriver(Driver driver) throws SQLException	Ein Treiber, der geladen wird, sollte sich beim DriverManager durch registerDriver anmelden.
public static void setLoginTimeout(int seconds)	Setzt die maximale Anzahl von Sekunden, die ein Treiber auf die Verbindung zu einer Datenbank warten soll.
public static void setLogStream(PrintStream out)	Setzt den Schreibstrom für das Anmelden der vom DriverManager verwendet wird.

Interface java.sql.Connection

Die Klasse java.sql.Connection dient als Schnittstelle zur Datenbank. Das
Objekt wird von der Methode DriverManager.getConnection, das ein
Connection-Objekt zurückliefert, erzeugt. Sie enthält durch den
referenzierten JDBC-Treiber exakte Informationen über die Datenbank und
wird primär zur Durchführung von Abfragen genützt.

public class Connection extends Object

Methoden:

public abstract Statement createStatement() throws SQLException	SQL-Anweisungen ohne Parameter werden durch das Objekt Statement ausgeführt.
public abstract PreparedStatement prepareStatement(String sql) throws SQLException	Eine SQL-Anweisung mit oder ohne IN-Parameter kann vorkompiliert und in einem PreparedStatement-Objekt gespeichert werden.
public abstract CallableStatement prepareCall(String sql) throws SQLException	Eine stored-procedure einer Datenbank wird durch das Objekt CallableStatment verwaltet.
public abstract String nativeSQL(String sql) throws SQLException	Der Treiber kann die SQL-Anweisung in eine native SQL-Grammatik übersetzen und an die Datenbank übermitteln.
public abstract void setAutoCommit(boolean autoCommit) throws SQLException	Falls die AutoCommit-Funktion gesetzt ist, wird jede SQL-Anweisung als separate Transaktion behandelt. Andernfalls werden die SQL-Anweisungen gruppiert und durch die Funktionen commit() und rollback() im Rahmen des Transaktionsmanagements verwaltet.
public abstract boolean getAutoCommit() throws SQLException	Liefert wahr, falls AutoCommit gesetzt wurde.
public abstract void commit() throws SQLException	Commit führt alle Änderungen seit dem letzten commit/rollback aus und löst alle momentanen Datenbanksperren, die vom Objekt Connection erzeugt wurden.
public abstract void rollback() throws SQLException	Rollback löscht alle Änderungen seit dem letzten commit/rollback und löst alle momentanen Datenbanksperren, die vom Objekt Connection erzeugt wurden.
public abstract void close() throws SQLException	In einigen Fällen ist es nötig eine Verbindung zur Datenbank vor dem automatischen Abbau zu unterbrechen.
public abstract boolean isClosed() throws SQLException	Liefert wahr, falls eine Connection zur Datenbank geschlossen ist.
public abstract DatabaseMetaData getMetaData() throws SQLException	Liefert Daten über die Datenbank (siehe DatabaseMedaData).
public abstract void setReadOnly(boolean readOnly) throws SQLException	Zum Zweck der Datenbankoptimierung kann die Verbindung auf einen Lesezugriff gesetzt werden.
public abstract boolean isReadOnly() throws SQLException	Liefert wahr, falls eine Datenbank nur den Lesezugriff erlaubt.
public abstract void setAutoClose(boolean autoClose) throws SQLException	Falls eine Verbindung im AutoClose-Mode arbeitet, werden nach jeder Transaktion die Methoden PreparedStatement, CallableStatement und ResultSet geschlossen.
public abstract boolean getAutoClose() throws SQLException	Liefert wahr, falls AutoClose aktiviert wurde.

public abstract SQLWarning getWarnings() throws SQLException	Liefert die erste Warnung, die beim Aufruf einer Verbindung erzeugt wurde.
public abstract void clearWarnings() throws SQLException	Löscht alle Warnungen. Die Funktion getWarnings() liefert bis zum Auftreten einer neuen Warnung den Wert null
public abstract void setCatalog(String catalog) throws SQLException	
public abstract String getCatalog() throws SQLException	
public abstract void setTransactionIsolation(int level) throws SQLException	
public abstract int getTransactionIsolation() throws SQLException	

Anhang 2 - Interface Connection

Interface java.sql.Driver

Dieses Interface wird vom JDBC-Treiber implementiert. Der JDBC-Treiber
muß eine Instanz von sich selbst erzeugen und sich beim DriverManager
anmelden.

public abstract Connection connect(String url, Properties info) throws SQLException	Versucht eine Verbindung zu der im URL angegebenen Datenbank zur erzeugen..
public abstract boolean acceptsURL(String url) throws SQLException	Liefert wahr, falls eine Connection-Objekt die Verbindung zur Datenbank erzeugen kann.
public abstract DriverPropertyInfo[] getPropertyInfo(String url, Properties info) throws SQLException	Liefert ein Array von DriverPropertyInfo, das basierend auf der URL mögliche Einstellungen enthält.
public abstract boolean jdbcCompliant()	Liefert wahr, falls der Treiber als JDBC-kompatibel erkannt wurde.
public abstract int getMajorVersion()	
public abstract int getMinorVersion()	

Anhang 3 - Interface java.sql.Driver

Interface java.sql.ResultSet

Dieses Objekt enthält das Ergebnis einer Abfrage. ResultSet dient als Rückgabewert der ausführenden Funktionen der Klassen Statement, PrepareStatement und CallableStatement.

public abstract boolean next() throws SQLException	Liefert die nächste Zeile eines ResultSets.
public abstract void close() throws SQLException	In bestimmten Fällen ist es nötig ein ResultSet zu lösen, bevor automatisch geschlossen wird.
public abstract boolean wasNull() throws SQLException	Liefert den Wert null, falls eine der get-Funktionen als Ergebnis der letzten Spalte null liefert.

public abstract String getString(int columnIndex) throws SQLException

public abstract boolean getBoolean(int columnIndex) throws SQLException

public abstract byte getByte(int columnIndex) throws SQLException

public abstract short getShort(int columnIndex) throws SQLException

public abstract int getInt(int columnIndex) throws SQLException

public abstract long getLong(int columnIndex) throws SQLException

public abstract float getFloat(int columnIndex) throws SQLException

public abstract double getDouble(int columnIndex) throws SQLException

public abstract Numeric getNumeric(int columnIndex, int scale) throws SQLException

public abstract byte[] getBytes(int columnIndex) throws SQLException

public abstract Date getDate(int columnIndex) throws SQLException

public abstract Time getTime(int columnIndex) throws SQLException

public abstract Timestamp getTimestamp(int columnIndex) throws SQLException

public abstract InputStream getAsciiStream(int columnIndex) throws SQLException

public abstract InputStream getUnicodeStream(int columnIndex) throws SQLException

public abstract InputStream getBinaryStream(int columnIndex) throws SQLException

public abstract String getString(String columnName) throws SQLException

public abstract boolean getBoolean(String columnName) throws SQLException

public abstract byte getByte(String columnName) throws SQLException

public abstract short getShort(String columnName) throws SQLException

public abstract int getInt(String columnName) throws SQLException

public abstract long getLong(String columnName) throws SQLException

public abstract float getFloat(String columnName) throws SQLException

```
public abstract double getDouble(String columnName) throws SQLException
public abstract Numeric getNumeric(String columnName, int scale) throws
SQLException
public abstract byte[] getBytes(String columnName) throws SQLException
public abstract Date getDate(String columnName) throws SQLException
public abstract Time getTime(String columnName) throws SQLException
public abstract Timestamp getTimestamp(String columnName) throws
SQLException
public abstract InputStream getAsciiStream(String columnName) throws
SQLException
public abstract InputStream getUnicodeStream(String columnName) throws
SQLException
public abstract InputStream getBinaryStream(String columnName) throws
SQLException
public abstract SQLWarning getWarnings() throws SQLException
public abstract void clearWarnings() throws SQLException
public abstract String getCursorName() throws SQLException
public abstract ResultSetMetaData getMetaData() throws SQLException
public abstract Object getObject(int columnIndex) throws SQLException
public abstract Object getObject(String columnName) throws SQLException
public abstract int findColumn(String columnName) throws SQLException
```

Anhang 4 - Interface java.sql.ResultSet

Interface java.sql.Statement

Diese Klasse führt die SQL-Abfrage über das Connection-Objekt aus.

public abstract ResultSet executeQuery(String sql) throws SQLException	Führt eine SQL-Anweisung aus und liefert ein ResultSet.
public abstract int executeUpdate(String sql) throws SQLException	Führt eine INSERT, UPDATE oder DELETE Anweisung aus.
public abstract void close() throws SQLException	In einigen Fällen ist es nötig ein Statement vor dem automatischen Schließen zu lösen.
public abstract int getMaxRows() throws SQLException	Liefert die maximale Anzahl von Zeilen, die ein ResultSet aufnehmen kann.
public abstract void setMaxRows(int max) throws SQLException	Setzt die maximale Anzahl von Zeilen, die ein ResultSet aufnehmen kann.
public abstract int getQueryTimeout() throws SQLException	Liefert die Anzahl von Sekunden, die der Treiber auf die Ausführung der Abfrage wartet, bevor er einen Fehler erzeugt.
public abstract void setQueryTimeout(int seconds) throws SQLException	Legt die Anzahl von Sekunden fest, die der Treiber auf die Ausführung der Abfrage wartet.
public abstract void cancel() throws SQLException	Cancel wird von einem Thread verwendet, um ein Statement eines anderen Thread zu unterbrechen.
public abstract SQLWarning getWarnings() throws SQLException	Liefert die erste Warnung, die vom Statement-Objekt erzeugt wurde.
public abstract void clearWarnings() throws SQLException	Löscht alle Warnungen eines Statement-Objekts.
public abstract boolean execute(String sql) throws SQLException	Führt ein Statement aus, das mehrere Ergebnisse liefern kann.
public abstract ResultSet getResultSet() throws SQLException	Liefert das akutelle Ergebnis als ResultSet.
public abstract int getUpdateCount() throws SQLException	Liefert das aktuelle Ergebnis als Anzahl der Updates.
public abstract boolean getMoreResults() throws SQLException	Führt die Funktion next des Statement-Objekts aus.

public abstract void setCursorName(String name) throws SQLException
public abstract void setEscapeProcessing(boolean enable) throws SQLException
public abstract int getMaxFieldSize() throws SQLException
public abstract void setMaxFieldSize(int max) throws SQLException

Anwendung Siemens Corporate Network Directory

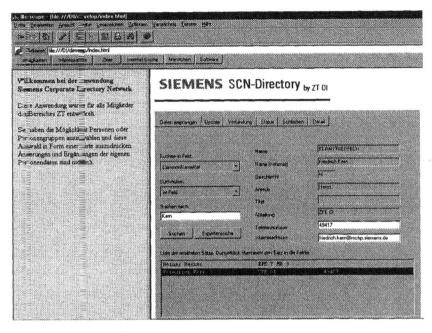

Anhang 6 - Anwendung SCD

Fenster: Expertensuche

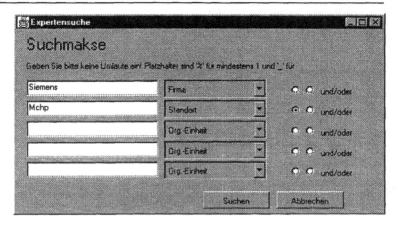

Anhang 7 - Fenster: Expertensuche

Fenster: Statusfenster

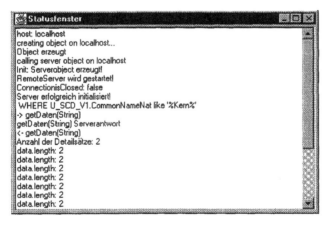

Anhang 8 - Fenster: Statusfenster

Literaturverzeichnis

[BACK2/96]	Back, S.: Heißer Kaffee - Programmieren in Java, c't Februar 1996
[BANK96]	Bank, D.: The Java™ Saga http://www.hotwired.com/wired/3.12/features/java.saga.html
[BICH8/96]	Bichler, M.: Hyperbase - World Wide Web: Basis für betriebliche Anwendungen?, IX August 1996
[BUSH45]	Bush, V.: As We May Think, http://www.isg.sfu.ca/~duchier/misc/vbush/vbush-all.shtml
[DECE95]	December, J.: JAVA Einführung und Überblick, Markt und Technik 1996
[DUTC96]	Dutcher, W.: Ineractivating your Web site, http://www.pcweek.com/@netweek/0930/30cgi.html
[PETE96]	Peters, E.: http://www.cit.ics.saitama-u.ac.jp/published/manual/java/pdf/tech.pdfs
[HAARSI]	Harper, Arnet, Singh: Building a Windows NT Internet Server, New Riders Publishing 1995
[HACA96]	Hamilton, Cattell: JavaSoft - JDBC: A Java SQL API, sun microsystems 1996
[HORB96]	http://ring.etl.go.jp/openlab/horb/doc/guide/index.html
[IDED96]	Idehen, Edwards: OpenLink JDBC/Java White Paper http://www.openlinksw.com/mark/opljdbcwp.htm
[INTE96]	INTERSOLV and Sun Partnership Bridges the JDBC-ODBC Gap http://www.intersolv.com/products/sweet_white.htm
[LINT96]	Linthicum, D.: Appp dev tackles the intranet, Datacom September 1996
[LINT96-2]	Linthicum, D.: The JDBC Connection, http://www.dbmsmag.com/9610i96.html
[JOBS96]	Jobst, F.: Programmieren in Java, Hanser 1996
[JSOF96]	Java™ Database Access, http://splash.javasoft.com/jdbc/jdbc.database.html
[JSOF6/96]	Frequently Asked Questions - Applet Security, http://www.javasoft.com/sfaq#allowRead
[KRAM96]	Kramer, D.: The Java™ Platform - A White Paper, JAVA Soft, Mai 1996
[KRAU11/96]	Krauß, W.: C/S-Anwendungsprogrammierung mit Java (1) - Das Konzept im Spiegel der Praxis, Datenbank-Fokus November 1996
[MINE7/96]	Minert, S.: Rendezvous - LiveConnect: Kommunikation zwischen Java und JavaScript, iX Juli 1996
[NETS96]	The Navigator Java™ Environment: Current Security Issues http://developer.netscape.com/library/documentation/javasecurity.html
[PAMO96]	Patel, Moss: Java™ Database Programming with JDBC, Coriolis 1996
[PETK90]	Petkovic´, D.: SQL - die Datenbanksprache, McGraw, Hamburg 1990
[REIC96]	Reichard, K.: Web Servers for Database Applications, http://www.dbmsmag.com/9610i08.html
[SHAH96]	Shah, R.: Integraating Databases with Java via JDBC, http://www.javaworld.com/javaworld/jw-05-1996/jw-05-shah.html
[STEV96]	Stevens, W.: TCP/IP Illustrated, Volume 3, Addison-Wesley 1996
[TANE95]	Tanenbaum, A.: Moderne Betriebssysteme, Hanser 1995

[UNLE96]	Stanek, W.: HTML, JAVA, CGI, VRML, SGML Web Publishing UNLEASHED, Sams PUBLISHING 1996
[WATZ96]	Watzlaw, P.: JDBC - Datenbanken mit Java™ , Java™-Spektrum 9/15-96, Seite 26-28
[WOLL4/96]	Wollenschläger, P.: Kaffee, Espresso und Milch, PC Professional April 1996

Weiterführende Literatur:

Flanagan D., Java™ in a Nutshell, O'Reilly 1996

Arnold, Gosling, Java™ - Die Programmiersprache, Addison-Wesley 1996

Netscape, JavaScript in Navigator 3.0

> http://home.netscape.com/eng/mozilla/3.0/handbook/javascript/index.html

Thomas, Patel, Hudson, Ball: Java™ Programming for the Internet, Ventana 1996

Akronyme

ANSI	American National Standards Instiute
API	Application Program Interface
ASCII	American Standard Code for Information Interchange
CGI	Common Gateway Interface
DLL	Dynamic Link Library
DNS	Domain Name Service
FTP	File Transfer Protocol
HTML	Hypertext Markup Language
HTTP	Hypertext Transfer Protocol
IEEE	Institute of Electrical and Electronics Engineers
IP	Internet Protocol
MIME	Multipurpose Internet Mail Extensions
NFS	Network File System
OSF	Open Software Foundation
OSI	Open Systems Interconnection
RPC	Remote Procedure Call
TCP	Transmission Control Protocol
Telnet	remote Terminal protocol
URI	Uniform Resource Identifier
URL	Uniform Resource Locator
WWW	World Wide Web

ERKLÄRUNG

Ich versichere, daß ich diese Arbeit selbstständig verfaßt
und nur die angegebenen Hilfsmittel verwendet habe.

München, 19. Dezember 1996   _____

Andreas Vogl

Diplomarbeiten Agentur

Die Diplomarbeiten Agentur vermarktet seit 1996 erfolgreich
Wirtschaftsstudien, Diplomarbeiten, Magisterarbeiten, Dissertationen
und andere Studienabschlußarbeiten aller Fachbereiche und Hochschulen.

Seriosität, Professionalität und Exklusivität prägen unsere Leistungen:

- Kostenlose Aufnahme der Arbeiten in unser Lieferprogramm
- Faire Beteiligung an den Verkaufserlösen
- Autorinnen und Autoren können den Verkaufspreis selber festlegen
- Effizientes Marketing über viele Distributionskanäle
- Präsenz im Internet unter **http://www.diplom.de**
- Umfangreiches Angebot von mehreren tausend Arbeiten
- Großer Bekanntheitsgrad durch Fernsehen, Hörfunk und Printmedien

Setzen Sie sich mit uns in Verbindung:

Diplomarbeiten Agentur
Dipl. Kfm. Dipl. Hdl. Björn Bedey —
Dipl. Wi.-Ing. Martin Haschke ——
und Guido Meyer GbR —————

Hermannstal 119 k —————
22119 Hamburg —————

Fon: 040 / 655 99 20 —————
Fax: 040 / 655 99 222 —————

agentur@diplom.de —————
www.diplom.de —————

Diplomarbeiten Agentur

www.diplom.de

- **Online-Katalog**
  mit mehreren tausend Studien

- **Online-Suchmaschine**
  für die individuelle Recherche

- **Online-Inhaltsangaben**
  zu jeder Studie kostenlos einsehbar

- **Online-Bestellfunktion**
  damit keine Zeit verloren geht

Wissensquellen
gewinnbringend nutzen.

Wettbewerbsvorteile
kostengünstig verschaffen.